作者在 2012 年中美省州教育
厅长对话会上发言

作者和农村留守儿童在一起

作者在全国教师工作暨"两基"
工作总结表彰大会上

中美省州教育厅长对话会场

作者在国务院教育督导委员会成立暨第九届国家督学聘任工作会议上

作者在第三轮中美人文交流高层磋商会上

京师 教育随笔
JIAOYUSUIBI

教育路上行与思

jiaoyu lushang xing yu si

李明阳◎著

北京师范大学出版集团
BEIJING NORMAL UNIVERSITY PUBLISHING GROUP
北京师范大学出版社

图书在版编目(CIP)数据

　　教育路上行与思 / 李明阳著.—北京:北京师范大学出版社,
2012.12(2022.9重印)
　　(京师教育随笔)
　　ISBN 978-7-303-15288-9

　　Ⅰ.①教… Ⅱ.①李… Ⅲ.①教育—文集 Ⅳ.①G4-53

　　中国版本图书馆 CIP 数据核字(2012)第 189491 号

图 书 意 见 反 馈　gaozhifk@bnupg.com　010-58805079
营 销 中 心 电 话　010-58802135　58802786
北师大出版社教师教育分社微信公众号　京师教师教育

出版发行:北京师范大学出版社　www.bnup.com
　　　　　北京市西城区新街口外大街 12-3 号
　　　　　邮政编码:100088
印　　刷:北京天泽润科贸有限公司
经　　销:全国新华书店
开　　本:730 mm×980 mm　1/16
印　　张:14.25
插　　页:2
字　　数:210 千字
版　　次:2012 年 12 月第 1 版
印　　次:2022 年 9 月第 4 次印刷
定　　价:25.00 元

策划编辑:倪　花　　　　责任编辑:倪　花
美术编辑:高　霞　　　　装帧设计:天泽润
责任校对:李　菡　　　　责任印制:陈　涛

序 一

王 湛

李明阳同志寄来《教育路上行与思》的书稿，我读起来感到很亲切。

李明阳同志是学师范的，毕业后先在安徽的一所农村师范学校任教，而后走上教育行政管理岗位，在省教育厅工作已经二十又四年。在厅里的 20 余年中，有 10 年是担任厅基础教育处的正、副处长，7 年前升任厅领导，现任安徽省委教育工委委员、省教育厅总督学。我简略介绍李明阳同志的工作履历，是想说明他 30 余年的教育工作生涯主要是从事基础教育工作的。我与李明阳同志相识并有交流，正因为我也是从事基础教育工作的。21 世纪初的几年，我在教育部任副部长兼任教育部总督学，主要负责基础教育工作。当时李明阳同志正担任安徽省教育厅基础教育处处长，工作上的联系多一些，围绕基础教育工作的交流也多一些。今天读李明阳同志教育书稿，书稿中主要写的是关于基础教育工作的实践与思考，读来既勾起许多回忆，也激起很多共鸣，因而觉得亲切。

李明阳同志在基础教育管理工作的领域里一路走来，且行且思，他的实践与思考，有三点值得一说。

其一，其行求实。安徽的基础教育在全国具有一定的典型性。安徽地处我国中部，是一个人口大省，农业大省，也是基础教育大省。安徽夙有"耕读传家"的重教传统，城乡群众对"有学上""上好学"，有着强烈的诉求。但是安徽基础教育底子较薄，满足群众"有学上""上好学"诉求的困难也较多，安徽普及九年义务教育的任务与东部沿海地区相比，要艰难得多。21世纪初，作为全国农村税费体制改革的试点省份，安徽的基础教育更成为全国关注的焦点。农村税费改革与教育何干？不了解这段教育历史和当时中国农村义务教育投入体制的人是很难把这两件事联系起来的。但当时农村税费改革对农村义务教育影响巨大，原来支撑农村义务教育的农村教育费附加和面向农民的教育集资这两大支柱一下子撤掉，新的保障机制尚未建立，农村义务教育的大厦靠什么来支撑，对当时全国的教育事业来说，是最紧迫、最严峻的问题。而一开始国家有关部门和安徽省设计的方案对税费改革给义务教育带来的影响认识是不充分的，应对措施也是乏力的。这时，最关键的问题是让方案制定者、决策者对实际情况有准确的了解，对税费改革给义务教育带来的影响有深入全面的评估。此时，说实话，听实话，反映实情，了解实情就至关重要了。我们不能忘记安徽省教育厅和安徽教育系统的同志们，他们坚持实事求是、敢讲真话、反映实情，表现出科学的态度和无畏的勇气。李明阳同志正是安徽教育界积极而勇敢地反映实际情况的许多同志中的一员。当时他正担任省教育厅基础教育处处长，这个岗位在当时应该说处于风口浪尖。2000年下半年和2001年，我几次和国家有关部门的负责同志去安徽调研，在省、市、县、乡及基层学校召开座谈会，了解情况，听取反映。李明阳同志参与了调研的组织工作，我也是在那个时候和他有了较多的接触。由于安徽的试点和探索，在农村税费制度改革的同时，我国基础教育的管理体制和投入体制也发生了重大变革。2001年召开的全国基础教育工作会议对农村义务教育管理体制重新定位，实行"在国务院领导下，由地方政府负责，分级管理，以县为主"的体制，经费投入也纳入公共财政保障的范畴。这一段改革历程向我们表明了教育体制改革的推进必须坚持实事求是的思想路线，教育体制改革的成功是与一线广大的改革参与者求真务实的工作实践分不开的。

李明阳同志工作实践中的求实精神不止表现在安徽农村税费改革那一阶段，在其他工作中也多有表现。比如他抓教育督导工作，也注重出实招。多年来坚持省委组织部、省政府教育督导团、省教育厅对县（市、区）党政领导干部教育工作年度督导考核不动摇，促进县市区党政领导干部尤其是主要领导真正把教育放在优先发展的战略地位，为教育改革发展提供强有力的保障。安徽富有特色的教育督导工作在全国很有影响，《中国教育报》曾专题报道"安徽教育督政四年督出7.38个亿"。

其二，其思求深。行成于思。管理工作实践要取得良好成效，与深入的理性思考是分不开的。做行政管理工作，做领导工作，力求思考得深一些，不是故弄玄虚地追求深邃，而是善于去粗取精，去伪存真，从现象深入下去，贴近真实，逼近本质。李明阳同志从教师成长为教育管理干部，有城市也有农村教育工作的经验，这样的经历使他能从不同视角看教育，思考得更加深入些，更加深刻些。他的思考求深，一是避免浮泛化。他主张教育管理的中观指导论，从中观立场上将宏观决策具体化落实在微观领域里，防止对下"中而不介"，照抄照搬；二是避免简单化。在谈教师队伍建设时，他分析了数量、质量和管理同时困扰着教师队伍建设的现状，提出要处理好人与物、质与量、德与才、远与近四个关系，统筹把握队伍建设；三是避免形式化。针对课改中走形式的流俗，他直言"不要把'你棒、我棒、你真棒'等同于激励教育，防止捧杀了我们的孩子；不要用演戏排练的方式上示范课，防止误导学生弄虚作假"等，教人求真，学做真人；四是避免主观化。他以"一道艰深的历史命题"为副题，从政治、法律、国际社会、传统文化、西方历史等多重角度，深入追寻了教育公平的历史必要性，倡导在理性自觉的基础上坚定推进和实施教育公平；五是避免经验化。他把师德放在社会道德建设的大系统中，提出教师"是社会崇高道德的化身"，"师德建设的水平决定国民素质的高度"；"师风建设的成效影响社会风气的优劣"，所以"师德应是整个社会道德的表率，教师应是社会道德建设的先行者。"再如他阐述教育督导的内涵，不是停留在一般的行政表述上，而是从学理的角度，指出"教育督导是对教育活动现实的或潜在的价值判断，以期达到教育价值增值的过程"，旨在更富理性、更有规律地开展教育督导工作。他在《跳出教育看教育——教育要刻不容缓地回归教育本位》一文中说：在教育保障机制未建立的时候，教育不得已而越位，校长们不得不把主要精力用于跑钱、跑项目上；但当教育保障机制建立后，教育必须刻不容缓地回归到教育本位，校长们要集中全部精力抓教学、抓管理、抓质量，扮演好自己的社会角色，以质量回报社会。

李明阳同志是一位实践工作者，他的文稿主要是部署、指导和总结实际工作的。但他坚持且行且思，注意从理论和实践的结合上去研究工作，指导工作，既乐于思考，又善于思考。所谓善于思考，就是注意去伪存真，由表及里，探求本质，力求其深。

其三，其言求雅。李明阳同志从事行政管理工作多年，但不失教师本色，博览好学；善诗文，晓书法，学养甚厚，多才多艺。他撰写有关教育方面的文章，写工作文稿，谋篇布局，遣词造句，在坚守准确、简洁、畅达原则的同时，力求凝练优美。偶尔引经据典，恰到好处，意味悠长。"信"与"达"的同时求"雅"，文质彬彬，更具说服力和感染力。

以上三点，是读李明阳同志文稿时的感受和联想。李明阳同志且行且思，我则且读且思。写出来，应李明阳同志之请，作为他这本书的序。

2012 年 8 月 16 日

（王湛，教育部总督学顾问，国家基础教育课程教材专家工作委员会主任，曾任教育部副部长、教育部总督学、江苏省副省长。）

序　二

李明阳同志我本来不太熟悉，只知道他是安徽省教育厅的一位官员。最近他把几十万字的书稿和他过去写作出版的专著送到我案头，使我十分惊讶。原来他不仅是一位官员，而且是诗人、书法家，同时长期从事教育管理工作。不仅对教育情有独钟，而且边行边思，对教育有深刻的感悟。

据我了解，安徽是我国不东不西的略为偏东的省份，经济不太发达，特别皖北地区，经济欠发达，制约着教育的发展。特别是21世纪初，国家实行税费改革，先在安徽试点，虽然农民收入有所改善，但教育经费却断了奶，教育发展遇到极大的困难。可以想象，安徽省的教育管理干部当时的处境。李明阳同志经过了这段经历。我佩服他们对教育的忠诚，对工作的执著。终于等到义务教育的免费，教育投入的增加。教育管理干部可以松一口气了吧，可是新的任务又摆到面前。《国家中长期教育改革和发展规划纲要》的颁布，又对我们提出了新的任务。过去忙碌奔波的目标是使每个学生有学上，现在的任务是要"办好人民满意的教育"，要让每个学生上好学，上有质量的学。这个任务可能比让每个学生有学上更为艰巨。教育管理干部任重道远。

李明阳同志从师范学校毕业以后，在中等师范学校担任过教师，在教育厅负责基础教育工作，现在又担任省总督学。经历了安徽基础教育发展的曲曲折折，有着丰富的管理经验，而且像他自己所说的："其行也实，其思也深"。行，如上所述，他担任过教师、教育行政干部，解决过基础教育发展中的种种问题和困难，脚踏实地的努力工作。思，他在工作中不是按部就班，盲目执行上级布置的任务，而是独立思考，使教育符合科学规律的发展。这确实是难能可贵的。我们现在许多教育行政干部往往只会用脚办事，不会用脑办事，因而出现许多违背教育规律的事。因此，行思结合十分重要。

李明阳同志把他几十年的教育经历、思考、感悟汇集成册，虽说是随笔，但内容十分丰富，有理论、有实际，有哲理、有诗意，不愧是一名诗人的雅作。读者一定能从中获得某种启示。受李明阳同志的信任，命我作序，就写这几句吧。

张成逊

2012 年 8 月 8 日

目录
CONTENTS

第一辑　研究与思考

第二辑 实践与探索

第三辑 致辞与书信

第四辑　序言与随笔

第一辑　研究与思考

教育公平

——一道艰深的历史命题

《国家中长期教育改革和发展规划纲要(2010—2020 年)》提出的我国教育改革与发展的指导方针是"优先发展,育人为本,改革创新,促进公平,提高质量"。胡锦涛总书记在全国教育工作会议上的重要讲话指出:必须促进教育公平,坚持教育的公益性和普惠性,把促进公平作为国家基本教育政策,保障公民依法享有受教育的权利,重点是促进义务教育均衡发展和扶持困难群众,着力促进公共教育资源配置公平,加快缩小城乡、区域教育发展差距。教育公平是社会公平的重要基础。教育公平的关键是机会公平,其基本要求是保障公民依法享有受教育的权利,重点是促进义务教育均衡发展和扶持困难群众,根本措施是合理配置教育资源。

党和国家对教育公平的高度重视，要求我们必须深化对教育公平的认识，积极而科学地推进教育公平的实施。

一、教育公平的内涵

什么是教育公平呢，简而言之，教育公平是指国家对教育资源进行配置时所依据的合理性的规范或原则，是指每个社会成员在享受公共教育资源时受到公正和平等的对待。教育公平包括三个层次：起点的公平，即确保人人都享有平等的受教育的权利和义务，这是教育公平的前提和基础；过程的公平，即提供给受教育者相对平等的受教育的条件；结果的公平，即教育成功机会和教育结果的公平。

二、实施教育公平的必要性

从政治角度看，教育公平是建设和谐社会的基础。和谐社会是指社会系统和自然生态系统之间以及社会系统内部协调发展、和谐相处的社会。公平正义作为和谐社会的重要原则和目标，其目的就是要使社会各个领域的利益关系得到妥善协调，使社会成员能公平分享改革开放和社会现代化的发展成果，切实维护社会各个领域的公正、公平，建设和谐社会就是建设协调发展的公平社会。教育公平是社会公平的重要组成部分，是社会公平在教育领域的独特体现，教育由于其在现代经济社会中的基础性、主导性、全局性的特征，而成为社会协调发展、促进社会公平最重要的途径。教育资源的分配在较大范围和较长时期内调整利益格局，给予各种生存状态下的群体公平获得社会发展成果的机会，因此教育公平不仅是现代教育的基本价值、是每个人发展的基本前提，而且也是实现社会公平的最基本途径和最有效手段。教育不公意味着教育资源与教育发展成果在社会成员间的分配不公，这将会严重影响社会公平的实现。因此，坚持教育的社会主义性质和公益性原则，保障人民享有接受良好教育的机会，促进教育公平，对保障社会公平、构建社会主义和谐社会具有重要意义。

从法律的角度看，教育公平是法律赋予政府的义务。《世界人权宣言》规定："人人都有受教育的权利。"（《世界人权宣言》第 26 条第 1 款）。我国颁布的《义务教育法》规定：国家、社会、学校和家庭依法保障适龄儿童、少年接受义务教育的权利。国家对接受义务教育的学生免收学费。国家设立助学金，帮助贫困学生就学。实施义务教育所需事业费和基本建设投资，由国务院和地方各级人民政府负责筹措，予以保证。

从国际社会看，教育公平是各国关注的焦点。联合国教科文组织教育局根据会员国在第 46 届国际教育大会（2001 年）上提交的国家报告开展的研究表明：与 20 世纪 80 年代相比，国家的教育政策目标中越来越重视受教育是一种人权；教育能提高个人的能力和抉择的能力；教育加强人类社会共同发展的能力。各国也把提高教育质量和推进教育平等作为重要国策。2001 年 1 月，美国总统布什向国会提交了《不让一个儿童落后法》的教育改革计划，其宣布："在这片被称作美利坚的伟大土地上，不让一个孩子落后。"英国通过推进教育机会均等、韩国通过推进"教育平准化"来推进本国的教育公平。

从传统文化的角度看，教育公平的观念源远流长，追求教育公平是人类社会古老的理念，教育公平是先哲孜孜以求的境界。孔子明确提出"有教无类"的主张，认为应该扩大受教育的对象，只要诚心求教，不分贵贱贫富，都应热心教诲。

从西方历史看，古希腊大思想家柏拉图最早提出教育公平的思想，亚里士多德则首先提出通过法律保证自由公民的教育权利。近代西方资产阶级致力于寻求教育公平，18 世纪末，教育公平的思想已在一些西方国家转化为立法措施，在法律上确定了人人都有受教育的平等机会。

三、我国教育现阶段不均衡的具体表现

在我国，影响教育公平性的要素主要有以下几方面：一是城市教育与农村教育的不公平。多年计划经济和城乡二元体制形成城乡间的区别。二是区域间的不公平。省域间、省域内教育不均衡，这种不均衡主要是由于经济发展的大背景造成的，从人均教育经费、生均教育经费、生均预算内教育经费和生均预算内公用经费来看，东部省份基础教育各项指标均高于中西部省份。三是重点学校教育与一般学校教育的不公平，无论师资队伍、办学条件乃至生源，重点学校均高于一般学校。其他还有诸如优等生教育与后进生教育的不公平、升学教育与就业教育的不公平、关注知识与关注能力的不公平等。固然，上述因素产生的原因是复杂的，应当以历史的眼光辩证地看待和评价这些现象的产生和存在。但是，当教育公平被历史性地提上重大议事日程时，我们就必须加大改革力度以消除这些不公平因素，以大力推进教育公平。

四、国家实施教育公平的主要路径

各国在推进教育公平进程中，建立了从立法干预到政策和行动干预等国家干预机制，体现了国家意志和政府责任，我国亦通过以下方面的战略以推进教育公平。

（一）推进以权利为基础的教育，确保每个公民享有受教育的权利和机会均等

我国认真贯彻新修订的《义务教育法》，努力实现义务教育的均衡发展，在全国范围内高质量高水平地普及九年义务教育，全面扫除青壮年文盲。

（二）优先投资于民，坚持教育的公益性和公共性

把教育纳入公共财政保障范围，防止教育商品化机制的引入伤害弱势阶层。

建立、健全保障教育优先发展的机制和制度。明确各级政府提供教育公共服务的职责，保证财政性教育经费增长幅度明显高于财政经常性收入增长幅度，逐步使财政性教育经费占国内生产总值的比例达到4%。在经济社会发展规划优先安排教育发展，财政资金优先保障教育投入，公共资源优先满足教育需求。

将义务教育全面纳入公共财政保障范围，建立义务教育经费保障机制；制定义务教育办学基本标准和质量标准，逐步使每一所学校达到基本标准而成为合格学校。

（三）弱势地区和群体优先，国家干预和国家责任是实现教育公平的根本保证

对弱势地区和群体实施补偿制度，坚持公共教育资源向农村、中西部地区、贫困地区、边疆地区、民族地区倾斜，逐步缩小城乡间和区域间的教育发展差距。进一步加大对农村教育的投入和支持，国家财政新增教育经费主要用于农村，建立中央和地方分项目、按比例分担的农村义务教育经费保障机制。在农村、城市全部免除义务教育阶

段学生学杂费，为农村义务教育阶段学生免费提供教科书，对贫困家庭寄宿生实施生活费补助；提高农村义务教育阶段中小学公用经费保障水平；建立农村义务教育阶段中小学校舍维修改造长效机制；实施义务教育阶段绩效工资制度。继续做好贫困家庭学生资助工作，保障农民工子女接受义务教育，切实解决农村留守儿童接受义务教育的问题。保障女童和残疾儿童的受教育权利。

（四）从关注机会公平到更加关注过程和结果公平，大力推进义务教育均衡发展

每个孩子都有学上，一个不能少，普及九年义务教育，对学生而言，这是受教育机会的公平。在我们这样大的国家、在我们这样大的省份能做到这一点是件很了不起的事情。但是，与学生受教育过程公平相比，后者则更为艰难，因为这意味着教育是均衡的，要实现这样的目标，就要在校际间、城乡间和区域间均衡配置教育资源，就要加大对农村和城镇薄弱学校的改造力度，不断改善各类学校办学条件，努力办好义务教育阶段的每一所学校，全面提高办学质量。"安得好校千万所，天下学子俱欢颜"。这是一项新的、极其伟大又极其艰难的工程。

五、关于教育公平的思考

（一）实施教育公平必须要有物质基础，坚持政府对必备教育资源的均衡配置至关重要

教育资源包括师资、办学场地、校舍、教学设施、运转经费等，这是办一所学校的必备条件。要为所有受教育者提供相对平等的受教育的条件，就要坚持由政府提供并均衡配置教育资源，从而为实施教

育公平奠定基础。

(二)终极意义上的教育公平是面向每一个学生，是因材施教

教育公平旨在面向包括所有学生在内的每一个学生因材施教，让每个孩子都能有所进步。更深一层说，我们既不能置差生不顾而只去关注优秀的学生，也不能置优秀学生不顾而只去关注差生，严格意义上的公平是关注每一个学生，是因材施教。芬兰因其两次在国际学生评价项目中排名第一而备受各国教育界关注，其面向每一个学生、实行个性化教学辅导是其成功的重要原因。

(三)在坚持教育资源配置均衡的同时，必须坚持学校办出特色

教育资源的均衡配置对于实现教育公平是至关重要的，它保证了各校教育资源分配的均衡和学生享受国家教育资源的平等。但是，教育资源分配的均衡也可能淡化学校竞争意识和竞争力，从而使学校趋同而失去特色。日本是经过半个多世纪的努力实现了"平等教育"，但进入 20 世纪末，日本平等教育出现危机，表现为公办学校缺乏吸引学生的魅力，加上私立学校在升学竞争中的优势地位，导致公立学校在教育质量方面的信誉下降，从而产生了生存危机。为此，在坚持教育均衡的基础上，日本教育界提出在公立中小学实行学校选择制度，即以追求每个个体的独特个性或每一种文化自身的发展权利为特征的"多元尺度"的公平，以激发学校教育活力。日本实施教育公平的历程给我们的启示是：国家在对学校进行教育资源均衡配置的同时，应从制度设置上促进各校继续保持竞争活力并办出各自特色，以适应不同学生个体的需求，保证学校教育面向每一个学生。

(四)教育结果的公平不等于受教育者结果的相同

平等可分两个方面：一是自然平等，即平等与不平等起因于自然，具有不可选择性，不能进行道德评价。二是社会平等，即平等与不平等起源于社会方面，是由于人们的自觉活动造成的，是可以选择、可以进行道德评价的。由于自然平等具有不可选择性，我们所追求的，主要是社会平等。

权利可分为基本权利与非基本权利。基本权利是人们生存和发展的必要的、起码的、最低的权利，主要包括经济上的生存权、政治上的参政权、教育上的受教育权、事业上的发展权等。一个人只要是人类社会的一名成员，社会都应该保障他享有生存和发展的最低权利。随着人类社会的发展，基本权利越来越可以归结为每个人对于一切社会利益的竞争机会权，人类拥有基本权利的平等是社会公平的体现。非基本权利是人们生存和发展的比较高级的权利，是满足人的比较高级需要的权利，包括人在后天形成的能力、个人的努力和对社会的贡献，这些是存在差异的，而这种差异是人在社会活动中形成的，如果不论人的能力强弱，智力高低，对社会贡献大小等差别，一律追求结果平等，显然是抹杀了人的差异，否定了个人的发展，所以，非基本权利必须是不平等的，非基本权利不平等才是公平的。

教育公平也体现在两个方面。第一，人们接受教育的基本权利的平等，它体现了现代社会每个人发展所必需的，对教育资源的平等享有权及对更高级教育利益的竞争机会权；第二，指人们接受教育的非基本权利的不平等，非基本权利是每个人对于一切社会利益上的竞争结果权。第一方面是第二方面的前提。只有人们首先拥有对基本教育资源的平等享有权，才能使每个人起点平等，才能为每个人提供公平的竞争机会，以保证竞争结果的公平。接受教育的非基本权利表现为人们对教育利益的竞争结果权，谁来接受高级教育，就需要选拔，这是社会分工的需要，也是人本身不同禀赋的体现，因此，非基本权利的不平等体现教育公平。所以，我们说，教育结果的公平＝教育基本权利的平等＋教育非基本权利的不平等。

（五）通过经济公平、政治公平促进教育公平，是走向真正高水平教育公平的正确的路径

教育改革在促进教育公平的作用是十分重要的，但是只通过教育改革是不可能彻底解决教育公平问题的，仅靠教育自身不可能实现高水平的教育公平，因为教育不平等归根结底是社会和经济不平等的反映，通过经济公平、政治公平来促进教育公平，是走向真正高水平教育公平的唯一正确的路径。

（六）教育资源稀缺性决定教育公平的实施的长期性和螺旋式发展方式

教育资源的均衡包括校园设施、教师、经费的均衡，实施教育公平是需要丰富的教育资源作保证的。教育资源的稀缺性决定实现教育均衡、教育公平的任务是极其艰巨的。日本用了 50 年的时间才实现教育资源的基本均衡，达到"人人享有受教育的机会""受同等条件的教育"目标；芬兰为实现面向每一个学生，仅在教师配置上就予以极大的投入。就我国而言，教育资源还是不丰富的，其中优质资源还是紧缺的。这决定了我国的义务教育目前是九年制，实施均衡教育也是从区域内做起。教育资源的稀缺性决定了教育公平具有相对性的特征，决定了教育公平总是不可避免地由低层次向高层次发展的过程，决定了实施教育公平的道路是长期的和艰巨的。

综上所述，实施教育公平是社会发展的要求，是世界发展的潮流，这决定了其必然性；实施教育公平需要丰富的教育资源和巨大的教育投入作为基础，这决定了其艰巨性；同时教育资源的稀缺性决定其由低层次向高层次发展，这决定其是一个历史过程。

认识到实施教育公平的必要性，将使我们的步伐更加坚定；认识到实施教育公平的艰巨性，将使我们的认识更加理性。

教育路上行与思

推进教育均衡 掀开义务教育新的一页

——关于我省推进教育均衡的思考

一、继续夯实义务教育均衡发展的基础

我省坚持优先发展，把义务教育均衡发展作为重中之重，在全国做到"五个率先"：率先实施城乡同步免费义务教育；率先推进义务教育资源均衡配置；率先推动义务教育学校标准化建设；率先探索保障弱势群体学生公平接受义务教育；率先建立推进教育均衡发展的工作机制。

我省义务教育均衡发展的坚实基础体现在以下几个方面。

（一）政策保障逐步到位，义务教育"重中之重"的地位得到较好体现

2006 年，修订后的《义务教育法》开始实施，省政府及时出台了《关于进一步推进义务教育均衡发展的意见》，确立工作目标，整合教育资源，积极推进义务教育均衡发展。2007 年起，省政府开始将城乡同步实施义务教育经费保障机制改革列为历年民生工程的重要内容。2008 年以来，省委、省政府每年都将推进义务教育均衡发展列入年度重点工作。2009 年，省政府办公厅印发了《关于深入推进义务教育均衡发展意见》，其明确提出坚持分级负责、分步实施和分类指导、区域推进的原则，力争通过 5 年的努力，实现全省义务教育阶段适龄儿童

入学机会均等，城乡之间、地区之间办学条件差距明显缩小，区域内学校之间教育教学质量、整体办学水平相对均衡，初步建立起义务教育均衡发展的政策和制度体系。市、县政府及其有关部门也都结合实际，研究制定促进义务教育均衡发展的具体方案，落实工作资金，强化工作举措，全力推进区域内义务教育均衡发展。

（二）经费保障逐步到位，义务教育均衡发展力度不断加大

2007年春季开始，我省城乡同步实施义务教育经费保障机制改革，并将义保机制改革、危房改造、免费发放教科书等纳入民生工程，自此义务教育全面纳入公共财政保障范围。义务教育阶段中小学公用经费保障水平逐年提高，超过了国家制定的中西部地区农村义务教育阶段人均公用经费的基准定额标准。贫困寄宿生生活费补助标准、免费教科书补助标准也相应提高，中小学校舍维修长效机制基本建立，中小学教师工资保障机制得以完善。为确保资金及时到位，我省制定实施了资金拨付月统计通报制、义保机制改革独立督察员制度、工程推进责任制和考评制以及责任追究制，有力地推进了义保进程。义保政策实施以来，义务教育阶段学校的运转状况得到明显改善，学校可以将更多的精力用于提高教学质量，投入教育管理和改革，促进义务教育在更高层次上实现均衡。

（三）资源保障逐步到位，城乡义务教育差异不断缩小

1. 在资源配置上向农村学校倾斜。首先在师资上倾斜。2006年以来，全省共培训农村教师12.1万人次，新补充教师2万余人。其次在改善办学条件上倾斜。"十一五"期间，政府投入31.9亿元专门用于改善农村中小学办学条件。再次在教学资源上倾斜。农村中小学远程教

育实现了全覆盖。

2. 加大中小学布局调整力度。仅从 2006—2009 年，全省共撤销、合并初中 224 所，小学 3 230 所。通过布局调整，学校领导力量、师资队伍和管理水平整体得到加强，教学条件得到较大改善和充分利用，教育教学水平和规模效益明显提高。

3. 积极推动义务教育学校标准化建设。2007 年我省率先制定《义务教育阶段学校办学基本标准(试行)》，城乡义务教育阶段学校办学采用同一标准。

4. 大力推进中小学校舍安全工程。我省校舍安全工程的实施，启动早，行动快，进展顺利。省政府将校舍安全工程纳入民生工程，仅 2010 年省财政就投入 55 亿元，加固改造重点校舍 1 108 万平方米。

(四)机制保障逐步到位，义务教育呈现健康发展良好态势

1. 严格控制择校。根据省政府《关于进一步推进义务教育均衡发展的意见》提出的"力争在 3 年内解决市、县城区内的择校问题"精神，全省各地通过严格学区划分，规范招生程序和收费管理，将义务教育阶段择校生控制在了 5% 以内，其中芜湖、铜陵等地基本消除了义务教育阶段择校生。同时，各地认真贯彻执行普通高中"三限"政策，普通高中择校问题得到有效治理。

2. 实行优质高中招生指标分解到校制度。目前省、市级示范高中招生指标分解到初中学校的比例达到 70%。

3. 着力解决大班额问题。在加快新学校建设，有效扩大城镇学校整体规模的同时，积极采取合理划定学校招生服务区、公布招生名单接受社会监督、严禁收取与入学相关的费用等举措，规范学校招生，大班额问题得到有效缓解。

4. 开展全省规范中小学办学行为专项治理活动。通过每年在全省范围内定期开展的专项治理活动，各地中小学办学行为进一步规范，乱办班、乱补课问题得到有效控制。

二、进一步增强推进义务教育均衡发展的责任感和紧迫感

均衡发展的义务教育，是为每个人的一生发展奠定良好基础的教育，是为增强民族创新精神和创造能力而做好充分准备的教育，我们要充分认识完成义务教育均衡发展这一战略任务具有的重要意义。

(一)促进义务教育均衡发展，是我国社会主义制度的本质体现

近年来，党中央、国务院立足于国情，把农村教育作为教育工作的重中之重，制定了新增教育经费主要用于农村教育的政策，加大了对农村义务教育和贫困家庭学生就学的支持力度。相继启动实施了"农村中小学现代远程教育工程""农村寄宿制学校建设工程"、"农村初中校舍改造工程"等一系列项目，建立完善了农村义务教育经费保障机制，落实了"两免一补"政策，农村义务教育事业得到进一步的发展，人均受教育年限明显提高。这些重大举措有力地推进了我国义务教育的均衡发展，集中体现了我国社会主义制度的本质特征与优越性。

(二)促进义务教育均衡发展，是建设社会主义和谐社会的基础工程

义务教育的均衡发展是社会公平的基础和核心环节。教育是各利益群体最多的社会事业之一，教育公平也就自然地成为人们评判社会公平的重要内容，是社会公平价值在教育领域的延伸和体现。教育尤其是义务教育，是国家提供同时必须予以保障的公共事业，教育发展的不均衡，不仅无法体现教育的公平与公正属性，还造成一些教育热

点问题的持续升温。因此，全面推进义务教育均衡发展，通过提供相对公平的教育机会和条件，使义务教育在和谐社会建设中发挥基础性作用，对全面落实科学发展观，构建和谐社会具有重大的意义。

(三)促进义务教育均衡发展，是统筹城乡发展的现实需要

教育均衡发展的题中应有之义，即教育资源在地区之间、学校之间的合理配置，确保每个学生公平接受教育的机会和条件，切实保障弱势群体学生有公平接受义务教育的权利，让所有青少年学生在德、智、体、美等方面得到全面发展。我省作为一个农业省份，农村人口众多，目前，城乡教育还存在一定的差距，因此，推进义务教育均衡发展，对促进城乡统筹发展和经济社会的全面进步，有着深远的现实意义。

(四)促进义务教育均衡发展，是实施素质教育的重要保证

长期以来，为推进素质教育的实施，全省各级各类学校都在努力探索和实践，但总体来讲，素质教育任重而道远，还需要政府、教育部门、学校和全社会坚持不懈的努力。其障碍之一就是地区和学校间发展水平差距过大。推进义务教育均衡发展，将使薄弱学校获得更多的教育资源，让更多的学生享受到高质量的教育。国家、省《中长期教育改革和发展规划纲要(2010—2020年)》明确把坚持以人为本、全面实施素质教育作为教育改革发展的战略主题。因此，要紧紧围绕这一主题，积极推进义务教育均衡发展，努力办好每一所学校，教好每一个学生，从根本上缩小城乡之间、校际之间办学水平的差距，为全面实施素质教育提供重要保证。

三、明确我们推进义务教育均衡发展新的目标和任务

我省承担了教育部义务教育均衡发展试点工作，计划于 2012 年全省 50 个县实现义务教育基本均衡发展；到 2015 年，全省 80％的县实现义务教育基本均衡发展；到 2020 年，全省 105 个县全部实现义务教育基本均衡发展。要实现以上目标任务，今后重点抓好以下工作。

（一）建立、健全义务教育资源均等配置机制

建立义务教育公共财政投入稳定增长机制，切实落实教育优先发展的战略地位，确保教育投入法定的"三个增长"。依法征收城市教育费附加、地方教育费附加和从土地使用出让金中计提教育资金，并主要用于义务教育办学条件的改善。建立义务教育资源统筹配置标准。按照基本公共服务均等化的要求，促进义务教育学校办学条件趋于一致，实现办学条件标准化。建立校长教师定期交流制度。各级政府和有关部门要研究制定校长和教师定期交流制度，设置不同地区校长和教师交流的条件和办法。保障特殊群体接受义务教育。建立留守儿童关爱服务体系；完善进城务工人员随迁子女接受义务教育的保障措施，进一步消除制度和政策性障碍。加强特殊教育。

（二）推进城乡义务教育一体化发展

完善农村义务教育经费保障机制。提高保障标准，强化保障能力，到 2015 年农村义务教育生均公用经费标准达到中部地区的平均水平。加大预算内教师培训、信息化建设、图书仪器配备等项目支出所占比例，促进农村学校内涵建设。建立有利于教师向农村和薄弱学校流动的政策导向。采取有效措施，吸引和鼓励各类优秀人才到农村义务教

育学校从教。建立促进义务教育均衡发展的投入补偿机制。加大省对经济欠发达市、县的财政转移支付力度和项目支持倾斜力度。实施义务教育学校标准化建设。将标准化建设作为义务教育均衡发展的重要抓手和实现县域内基本均衡的重要门槛和衡量标准。

(三)提升义务教育整体办学水平和教育质量

改进中小学校长选任和管理制度。实行义务教育学校校长由县级教育行政部门选拔任用并归口管理，逐步推行校长职级制。创新中小学教师编制管理方式。以县(市、区)为单位实行学校人员编制总量控制、统筹安排、动态调整。全省公办义务教育学校补充教师，一律实行公开招聘，积极探索建立新补充教师"省考、县聘、校用"的制度。新补充教师实行聘用合同管理制度。进一步加强以提高教育教学能力为核心的义务教育教师培训工作。大力提升义务教育教学质量。更新教育观念，关注每一个学生，促进学生全面发展。建立义务教育质量检测制度。加强对义务教育质量的监测和管理，并将区域内中小学质量差异性的监测纳入对各地义务教育均衡发展定性考核的核心内容。大力提升信息化水平。

(四)继续规范义务教育学校办学行为

明确办学行为规范。义务阶段全面取消重点班、重点校，实行"划片招生、免试入学"，禁止任何形式的选拔性招生。严格控制择校，禁止同城借读，禁止任何与招生有关的捐赠行为。示范高中招生计划切块分配到初中学校，到 2015 年，各市、县(区)分配指标不低于招生总额的 80％，中小学班额控制在国家规定的标准以内。禁止加班加点、节假日补课和乱收费。通过规范办学行为，引导义务教育生源合理分布，维护学校教育教学秩序。建立规范办学行为的激励和约束机制。通过法律、经济、行政等手段，促进各地各学校落实办学行为规范。建立义务教育经费监管机制。对于资源配置没有体现均衡和补偿原则，学校之间办学水平差异较大的地区，在省级资金和项目分配上予以调整和干预，教育主管部门不得审批新建示范高中。对违法违纪者要追究其经济和行政乃至法律责任。

教师要有慎独精神

——关于师德的思考

有教师问我，为什么要特别强调师德呢？是的，我也常思考这个问题，我觉得这个问题要讲，而且要讲清。

要讲师德，首先要讲道德，因为师德毕竟是属于道德范畴的。大家知道，道德对于社会是重要的，可以说，法律和道德从不同角度维系或规范人的行为，维系社会的稳定和秩序。当然，法律与道德有所区别：法律是他律、是外在的、是强制性的；而道德是自律、是内在的、是自觉的。道德甚至深入到人的心灵深处，规范人之行为的细枝末节。有一幅名联叫"修合无人见，存心有天知"。这幅名联出自北京的同仁堂。同仁堂为乐显扬创建于 1669 年（康熙八年），又称为乐家老铺。同仁堂是中药铺，是研制中药的地方，而中药多为家传秘方，素不为外人知晓，按今天话说是在"私密"空间做的。同仁堂后人一直信奉"修合无人见，存心有天知"的信念，即要求家人在无人监管的情况下，做事不要违背良心，不要见利忘义，因为你所做的一切，上天是知道的。其实就是一种"慎独"的理念，也就是说道德自我约束无处不在。道德对于社会是重要的，一个健康的社会就必定有与之相应的道德。

社会道德是基本的道德，是个大的范畴，师德是其中的重要组成部分。师德应处于社会道德的上层，是社会道德的表率和引领，这是由教师的职业特征所决定的。唐代韩愈言："古之学者必有师。师者，所以传道、授业、解惑也。"教师肩负着传递人类精神文明的神圣使命，肩负着教书育人的使命，师德好坏，不仅影响本人，而且影响他人，尤其是影响后人，所以社会要求教师的道德必须是高尚的。师德对于教师、教育、社会的重要性非比寻常，因此，一个好的教师、一支好的教师队伍必定有与之相应的崇高的师德。

教师的道德集中表现为爱和奉献。教师的爱是一种博爱，"上善若水，厚德载物"。"上善若水"语出《老子》，意思是说，最高境界的善行就像水的品性一样，泽被万物而不争名利；"厚德载物"出自《周易·大象》，意思是说，以深厚的德泽育人利物，今多用来指以崇高的道德、博大精深的学识培育学子成才。教师的爱便是如此。孔子是大教育家，他关于教育有句至理名言叫做"有教无类"，意思是指，不因为贫富、贵贱、智愚、善恶等原因把一些人排除在教育对象之外，对谁都要进行教育。《荀子·法行》记载：南郭惠子曾问于子贡："夫子之门何其杂也？"子贡回答说："君子正身以俟，欲来者不拒，欲去者不止。且夫良医之门多病人，隐栝之侧多枉木，是以杂也。"按今天的话说就是：南郭惠子问子贡说："你先生的门下为什么这么杂乱呢？"子贡说："君子端正自身来等待，想来的人不拒绝，想走的人不制止。就像良医的门前病人多，矫正木料器具旁边的弯木头多一样，所以很杂乱。"捷克著名教育家夸美纽斯也有类似的话："教育的艺术是把一切事物教给一切人的艺术。"

教师的职业特征同样以教师的品德为前提。从严格意义上来说，一个师德不好的教师，业务是不可能精湛的，因为教师的职业特征是"学而不厌、诲人不倦"。试想，如果没有博爱与奉献精神作为基础和人生目标，我们能做到学而不厌、诲人不倦吗？唐代诗人罗隐有一首

赞叹蜜蜂的诗《蜂》："不论平地与山尖，无限风光尽被占。采得百花成蜜后，为谁辛苦为谁甜?"我们也把教师比作蜜蜂，无私地把自己的爱与知识奉献给学生、奉献给社会。

师德与社会道德是皮与毛的关系，师德植根于特定的社会道德土壤。"皮之不存，毛将焉附"，从这个意义上来讲，整个社会要注重道德建设，要营造尊师重教的环境，为师德建设提供土壤、奠定基础。师德与社会道德也是船与水的关系，水涨船高，船高意味着师德具有引领社会道德的责任和义务，师德不能滑坡，师德必须加强，教师应是社会道德建设的先行者，应为社会道德建设作出积极的贡献。

捍卫教师的道德底线，培养高尚的师德，这是教师、教育部门也是政府、社会的共同责任。

教师问题已经到了非解决不可的地步

——接受《中国教师报》记者马朝宏专访

一、"物"的问题解决有力，"人"的问题浮出水面

中国教师报：安徽省专门为教师工作召开会议，可以看得出省里对教师工作的重视。为什么选择这个时机召开全省教师工作会议？

李明阳：近几年，国家和省里对义务教育投入不小，主要着力解决义务教育的三个问题：保安全——解决危房；保吃饭——解决教师的工资；保运转——解决学校的公用经费。没有安全，其他一切都谈不上；教师工资不能按时足额兑现，怎么让老师安心工作；没有公用经费，学校不可能正常运转。所以国家和省里下大力气首先解决这些最为基本的问题是十分必要的。

回顾我们走过的路，2001—2005年，安徽省用于危房改造的经费已达32亿，改造危房783万平方米。2006—2007年，还将投入18.4亿，另外投入1.1亿建寄宿制学校。今年春季，全省城乡免除义务教育阶段学生的学杂费，国家和省又投入20多个亿，以保障学校运转。

这三个方面都是最基本的保障条件，涉及学校的生存的"物质"层面。现在是教育的"三保"取得了明显的成效，义务教育"物"的问题得到有力解决后，而"人"的问题即教师的问题自然浮出水面。

当前，制约教育发展尤其是教育质量提高的主要因素，已经凸显

为教师问题。"十年树木，百年树人"，教师队伍建设是一个长期的过程，换句话说，一旦教师队伍出了问题，就不是短时间能够解决了的。教师队伍建设问题的重要性已经成为大家的共识，已引起了政府和社会的高度重视。"两会"期间，温家宝总理把一些贫困地区教育问题概括为缺教室、缺教师，言简意赅；也是"两会"期间，温家宝总理宣布实施"免费师范生教育"。安徽省委、省政府的领导也多次强调，必须在进一步完善义务教育经费保障机制的同时，花大力气去解决教师队伍建设问题。教师问题已经到了非解决不可的地步了。在这样的背景下，我们召开了这次会议。

二、数量、质量、管理，同时困扰着教师队伍建设

中国教师报：您认为，现在的教师问题主要包括哪些方面？

李明阳：现在教师队伍的现状具体表现为数量不足、队伍不稳、管理不活和素质亟待提高。数量、质量和管理同时困扰着教师队伍建设。

中国教师报：据我们了解，不只是安徽省，在全国很多地方都存在着教师数量不足或者说缺编的现象，有些地方还非常严重。您能谈一下安徽省的具体情况吗？

李明阳：教师不足具体表现为以下形式：一是学段性的。这几年高中包括职业高中发展迅速，全省高中教师紧缺问题十分突出，其次是初中；二是区域性的，南北方也不一样，北方一些地方的问题主要是财政供给问题以致有编难补或者不补，南方则因为是山区教学点多，要保证学生就近上学，不能简单撤教学点，这样即使只有几个孩子，也要配必要的老师，这样编制就不够了；三是学科性的缺编，比如，英语、计算机等老师缺得厉害。

我们省的教师编制标准本来就低于国家两个百分点。程艺厅长的报告已经讲了，安徽省师生比高中是 1：23.2、初中是 1：23.3，这两项排名在全国都是倒数第一；小学师生比例是 1：21.8，全国倒数第七，职业高中的比例近 1：40，教师资源明显不足。而且，45 岁以上的老师占教师总数的近 48.6％，有的学校 50 岁以上的老师占了一半以上。

中国教师报：如何解决这个问题？

李明阳：对于有编不补的区县，去年省里下文通报了有关县市区教师的缺额情况，省委组织部门和省教育厅联合开展了对各县市区党政主要领导干部的教育考核，教师是考核中的重要一项，目的是督促各地补充教师。阜阳属于缺教师比较严重的市，他们现在已经着手解决这个问题了，并制订了计划和具体措施，预计能在 3～5 年内使教师得缺口情况有所好转。

省教育厅将按照省委、省政府领导的批示要求和有关部门就如何加强教师队伍建设加紧研究、协商。

三、多管齐下，提高教师队伍质量

中国教师报：安徽全国人大代表黄裳裳在刚刚结束的"两会"上提出，发展农村义务教育，最缺的是高素质的教师队伍。她还举了一些安徽省的例子。对此，您能否谈一谈，贵省对提高教师队伍的质量有哪些措施？

李明阳：提高教师队伍的质量是教育行政部门的重要职责和任务。

第一，要严格把好教师入口关。要把"不是什么人都能当教师"的理念体现到政策中，不行的就要拦在外面。现在，资格认证和聘任权利都放在县里，门槛有点低了，存在有的县把关不严问题。校长也是如此，要实行校长聘任制和任期制。

第二，加强培训。现在倡导远程教育培训，远程培训的好处是培训面大，经济，但远程培训一定要做好过程的监控和结果的考核，不然难以保证质量。我们在这些方面做探索，霍山县和无为县已经取得了一定的成果。校本培训和远程教育培训可紧密地结合教学实践、可让优质教育资源走进学校，我们要做好。

第三，重视教师的业务考核。宣城市在这方面进行了积极的探索。他们的体会是，考核内容结合教学实际、考核过程确保公正、考核结果有效运用是做好业务考核的关键。

中国教师报：除了上述措施外，针对农村是否有一些特别的措施？

李明阳：今年安徽省出台了《关于进一步推进义务教育教师资源均衡配置的若干意见》，其中，特别强调了对农村薄弱学校教师队伍建设要实行倾斜政策，规定区域内学校之间的教师要流动。此外，还进一步加大支教的力度，规定城镇学校新进教师，原则上应先到农村薄弱学校任教1～3年。还有，对在农村学校连续任教 5 年以上的老师，第六年开始向上浮动一档职务工资，等等。

中国教师报：有人对教师流动持有不同意见，认为学校是有文化积淀的，老师对学校有文化认同感和归属感。而这样流动对教师不公平，也不利于他们个人的发展，可能对学校也会有不利影响。对此，您怎么看？

李明阳：校风的形成包括多种因素，如学校所在区域的文化和历史、学校的历史、教师队伍、生源等诸多因素；校风是经过几十年甚至上百年的时间才能形成。可以这么说，虽然学校文化和每个人都有关系，但是它不是某个个体带来的，也不是某个个体能够带得走的。所以教师合理、有序地流动对学校文化有影响，但不足以改变一个学校的校风甚至是学校文化。

老师都喜欢好学校，这是人之常情。但站在另外一个角度，也应该给相对比较差的学校的老师一个锻炼的机会和展示自己的宽阔的舞台啊。好的老师到相对差一点的学校，也会利于这个学校的校风建设。我想，真正的好老师应该是既能教好基础好的学生，也能教好基础相对差的学生。

四、保证教师的合理合法收入是地方政府应该承担的责任

中国教师报：《关于进一步推进义务教育教师资源均衡配置的若干意见》中规定，农村和城镇统一工资标准，而且要不低于公务员水平，对于有些区县来说，财政上会不会存在困难？

李明阳：在实行义务教育经费保障机制之前，虽然明文规定杂费不能发津贴，但有些地方教师津贴还是用收取的杂费来发。现在免杂费了，有的地方教师的津贴发放就出现困难了。但教师合法待遇一定要保障，当地的政府应该承担起这个责任，因为这本来就是政府的责任。

义务教育经费保障机制不能片面理解为就是免学生的学杂费，它包括四个方面，通俗一点讲，就是"学生学杂费不要交，教师待遇不能少，学校保障要提高，校舍改造要确保"。老师的合法待遇是不能降低的，在实施义务教育保障机制的过程中，国家和省反复强调这一点。

五、把教师的注意力引到教育教学上来

中国教师报：程艺厅长在 4 月 5 日的报告中已经说了，2000—2004 年，安徽省共流失教师 472 名。其中包括一些特级教师和"教坛新星"。评选出来的教坛新星因为名声在外，更容易外流。但是，我看

到在这次会议下发的资料当中，有一个关于"教坛新星"评选的文件。为什么还要大张旗鼓地开展评选活动？

李明阳：在制定教坛新星评选方案的时候，我就强调，我们的目的绝不是为了选出几十名省教坛新星，而是通过这种活动，使教师全员参与，整体提高。

通过这个活动，我们想达到两个目的，一是要把教师的注意力集中到教育教学上来。教师就要像教师，校长就要像校长，校长潜心治校、教师潜心执教。二是要以优质教育回报社会，进一步树立教师无私奉献的形象。

优秀教师流失关键是我们有的地方还不完全具备留住优秀教师的条件，而不是评"教坛新星"之过。

六、作为教师，就应该有奉献精神

中国教师报：师德培训是教师培训的首要任务，您认为现在我们应该倡导一种什么样的师德？

李明阳：师德非常重要。极少数教师的不良行为和态度会对教师的整体形象产生比较大的影响。像体罚问题，虽然体罚学生的老师是极少数的，但是往往带来的影响非常恶劣。

社会对教师的要求和对别人是不一样的，无论是历史上还是现实社会，人们对老师的要求，尤其是道德要求要远远高于对其他社会成员的要求，老百姓认为社会上很多事情，别人能做但老师是不能做的，这也反映出在老百姓的观念里，教师应该是道德比较高尚的群体。

对老师在日常教学中的行为和态度，老百姓提出了更高的要求。以前，老师对学习差一点的学生态度不好，家长可能会接受，现在，人们要求教师对孩子都能一视同仁。其实，这也是教师应该做到的。

孔子明确提出"有教无类"的主张，认为应该扩大受教育的对象，学生只要诚心求教，不分贫富，不分好差都应热心教诲。就像刚才我说的，好的教师既能把好学生教得更好，也应该能把差学生教好，否则就不是好老师。这也是师德的一个重要方面。

深入一步说，党和政府正是基于教育的公益性，基于教师这个职业的"奉献"的本质特征，始终强调教师的待遇不低于当地公务员的待遇，始终强调教师的待遇要得到保障。我们老师当然应该具备奉献精神。

中国教师报：师德重要，但是师德又是比较抽象的东西，您认为怎样加强师德建设？

李明阳：第一，在评价教师的时候要把师德放在首位。我们教坛新星的评选，师德是首要的，如果没有这一点其他免谈。第二，师德要有章可循。要结合实际，制定针对性强的具有可操作性的规章制度，对教师的导向、约束等都要具体化、规章化。如果没有可操作的规章制度，师德建设就会虚化。第三，要把师德教育贯穿于教师培训的全过程。第四，应当建立一个社会监督机制。第五，应该建立教师师德考核评价机制，充分运用这个考核的结果，坚持师德考核在教师晋职、晋级和评优中的一票否决。第六，应该坚持树立正面典型。建立表彰工作的长效机制。

七、高师院校要为基础教育提供良好的师资

中国教师报：这次会议，我们看到安徽省各个师范院校的领导也参加了，为什么会作这样的安排？

李明阳：基础教育对师范院校有些怨言。有的校长反映，师范院校有的毕业生对基础教育"新课程"不了解，当然这是个别现象。还有

老师说，师范学校的毕业生质量不如以前了，质量下滑。高师院校也有他们的苦处，新课程在中小学刚刚开始，进入高校的课程有个过程。另外，师范院校好的生源短缺，一定程度影响了毕业生的质量。

我们这次所以请师范院校的负责人来，是希望师范院校能够关注基础教育的现状，听到基础教育的声音，关注新课程改革，关注基础教育教师队伍的培养和建设。应当说，从前年以来，高师院校开始重视基础教育的课程改革，效果就非常明显，只要开始重视了，很快就能培养出适应"新课改"的教师。高师院校的质量直接决定着教师队伍的质量，我们希望高师院校能够多关注基础教育的现状，和学校以及教育行政部门共同合作，为基础教育提供良好的师资。

中外教育的异同和互补

——从美国的《虎妈战歌》说起

　　《虎妈战歌》是"虎妈"教育两个女儿的经验文集。作者"虎妈"是美国耶鲁大学法学院教授、祖籍中国福建的 49 岁的蔡美儿（英译名）。之所以被称为"虎妈"，是因为别人认为这个妈妈管教女儿过于严厉。在《虎妈战歌》中，"虎妈"讲述了自己严厉管教两个女儿并使其成为成绩全 A 的"音乐天才"的故事。书中说，由于她的管教，大女儿索菲亚 14 岁就登入卡内基音乐厅举办独奏会，被哈佛、耶鲁同时录取。

　　身处美国的"虎妈"育儿方式不同于西方，她认为西方人对孩子的宽容超过了对孩子的教育，恰当执行东方的严格家教方式有助于孩子未来的发展，她给女儿规定的"十不准"包括"不准在外面过夜；不准参加玩伴聚会；不准在学校里卖弄琴艺；不准抱怨不能在学校里演奏；不准经常看电视或玩电脑游戏，不准选择自己喜欢的课外活动；不准任何一门功课的学习成绩低于'A'；不准在体育和文艺方面拔尖而其他科目平平；不准演奏钢琴和小提琴以外的乐器；不准在某一天没有练习钢琴或小提琴"。"虎妈"的观点和教育方式引发了一场大争论，自诩为崇尚自由和尊重儿童个性的美国人认为"虎妈"的做法是虐待儿童；而正在素质教育之路上蹒跚起步的中国母亲们则为此而困惑——不是说宽松的家庭氛围更能培养孩子的创造力么；还有人认为不要争辩中西方谁的教育理念更先进，应该在"批评太多"和"表扬太多"中寻找平衡点。

无独有偶，2012年4月19日在接待"中美基础教育管理者领导能力建设项目"美国校长代表团时，中国校长说为如何培养学生创新精神和实践能力而伤脑筋，美国校长却为学生不愿系统学习知识只要创新而烦恼。

2012年5月4日，第三轮中美人文交流高层磋商中美省州教育厅厅长对话在北京举行。在对话会上美方一位女厅长的话打动了大家。她说，她认识中国西部山区的一个女生，这个女生与她分别时送给她一个小乌龟，小姑娘说她自己会像这只小乌龟一样慢慢地但不停地爬，她相信自己能走出大山去创造新的生活。这位美国的官员为小姑娘这样小的年纪而有这样高的使命感、责任感和顽强精神而深深感动。她说在美国同样年纪的孩子还不懂事呢！

放眼世界，我们会看到更为复杂的教育现象。比如，中国以基础教育学生的学业成绩好于美国而自豪，美国则以基础教育领域有创新潜力的人数多而自豪。中国的家长和学生正在追求更高的学历以获得更好的生存能力；美国学者正在关注合理解决美国当前正在兴起的"辍学经济"。中国一些人认为奥林匹克数学竞赛是影响学生发展的因素；韩国正在从奥林匹克数学竞赛成绩下降中反省自己为什么沦为"数学后进国"。中国的基础教育正在努力减少教学内容，降低教学难度以提高学生全面素质；日本正在实施以增加课时、加深难度、提高教育质量为标志的新的教学方案。中国正在试图使学生掌握更为广博的知识，以打下更为宽厚的素质基础；法国正在把基础教育界定在应该打好的基础范围内。中国部分人认为国家统一课程标准不适合不同地区不同情况，由"一纲一本"走向"一纲多本"；而美国公布了"共同核心（州立）标准"的最终定稿，标志着各州采用并实施统一标准的开始。日本倡导通过政府提供财政性教育经费，实现义务教育学校办学条件标准化，形成均等化的基本公共服务；英国倡导"特色学校建设"，通过政府和社会共同集资，在基础薄弱地区建设以不同优势学科为重点的各具特色的学校，以通过比较优势提高社会声誉，改变落后面貌。

　　很明显，中外教育存在差异。这种差异，一定程度体现不同的价值取向，人们或许不得不回答这样一些问题，我们更应该看重对既有知识的掌握，还是激发孩子的想象力和创造力？我们是通过严格的教育培养孩子的自律，还是通过对他们的赞美，从小培养他们的自信？我们是应该把孩子看作是成年人教育的作品，还是更应该尊重他们对自己人生的选择？我们是应该让孩子拥有一个无忧无虑的童年，还是让他们习惯于竞争的残酷从而在未来的成人世界里获得更高的成就和满足感？再或者说，我们是应该培养技术性的劳动力，还是培养未来能够提供崭新价值观的领导者？那么，而这些看似矛盾的对立面难道真的就不可调和，鱼和熊掌不能兼得吗？真的就非此即彼、非白即黑吗？真的就没有处于两端的中间点可供选择吗？这让我想起"鲁庙之器"的典故。"鲁庙之器"说的是孔子观于周庙，有欹器焉。孔子问于守庙者曰："此为何器也？"对曰"此盖为宥座之器。"孔子曰："闻宥座器，满则覆，虚则欹，中则正，有之乎？"对曰："然"。孔子使子路取水试之，满则覆，中则正，虚则欹。孔子为喟然而叹曰："呜呼！恶有满而不覆者哉！"上面这段话的意思是，孔子参观周庙，看到欹器。问守庙的人说："这是什么东西呢？"守庙的人说："这是宥座之器。"孔子说："我听说宥座之器盛满水倾覆，空了就斜着，水装到一半时就会垂直，是这样的吗？"守庙人回答说："是这样的。"孔子让子路取水来试，果然水满便倾覆，空了就斜着，装到一半时就垂直而立。孔子长叹道："呜呼！怎么会有满而不颠覆的呢？"孔子这里是借"鲁庙之器"阐述"中庸之道"。讲儒家的一种道德实践的原则和处世待人的方法，简单地说，是手持两端，不偏不倚。不偏不倚的前提是手持两端，就是最激进和最保守的意见都要顾及到，然后达到不偏不倚的效果。

我们应当抱着既不妄自尊大又不妄自菲薄的态度，理性地而不是感性地、深入地而不是肤浅地、全面地而不是孤立地、客观地而不是主观地分析中外教育的相同点和不同点、优势和不足，在承认中外教育差异的前提下寻找共同点，最大限度地张扬优势、最大限度地克服不足，寻求交流、借鉴、合作过程中的效益最大化，从而收到我们最理想的教育效果，做到"仰望星空，以包容的心态看待多元的教育文化；脚踏实地，以科学的态度坚持育人的核心价值"。至此我想起百年老校桐城中学的一幅名联。这幅名联是桐城派后期大师、京师大学堂总教习、桐城中学创始人吴汝纶先生（1840—1903）撰写的，上联是"后十百年人才奋兴，胚胎于此"；下联是"合东西国学问精粹，陶冶而成"；匾额是"勉成国器"。吴汝纶先生当时大力提倡学习西方科学文化知识，为国育人，以求"富国强兵"。他主张"中学为体，西学为用"，他的"合东西国学问精粹，陶冶而成"道出了他创办教育所追求的目标。

当然，教育可以交流、借鉴，但教育的模式是不可以照搬照抄的，因为教育虽然有其共性，但教育毕竟植根于特定的政治、经济、历史、文化环境中，处于教育发展特定的历史阶段，教育体现国家的核心价值和阶段性特征。有个"南橘北枳"的典故，出自《晏子春秋·内篇杂下》：说的是"橘生淮南则为橘，生于淮北则为枳，叶徒相似，其实味不同。所以然者何？水土异也"。意思是，橘树生长在淮河以南就是橘树，生长在淮河以北就变成枳树，只是叶子相似，它们的果实味道却不一样。为什么会这样呢？是因为水土不一样。

跳出教育看教育

——教育要刻不容缓地回归教育本位

北宋诗人苏轼在《题西林壁》写到："横看成岭侧成峰，远近高低各不同。不识庐山真面目，只缘身在此山中。"这首诗告诉我们要学会从不同的角度看待人和事，从而看得更全面、客观、真实，得到科学的结论。

作为一个教育工作者，我们多从教育的视角看教育，看到的多为教育的艰辛历程和来之不易的成就。跳出教育看教育又看到了哪些呢？

一、跳出教育看教育，我们看到了什么

我们不妨选择最为大众化的网络媒体报道的 2009 年下半年几则影响较大的涉及教育的信息来分析一下。

（一）2009 年教育部部长更替引发网民热议

十一届全国人大常委会第十一次会议经过表决，决定了教育部部长的更替，一时网友评论如潮，以致广州日报 2009 年 11 月 2 日刊登王石川文章《教育部部长易人为何广受关注》。文章说，一名官员的任免，在现代政治生活中再正常不过。被免去职务，并无感情色彩，只是一个中性词。且有消息称，被免去部长职务者另有任用，就此而言，实属寻常。但是，教育部部长易人更引人注目是一个毋庸置疑的事实，

之所以如此，就是在网友眼里，教育部部长代表教育，而教育为整个社会甚至为每一个家庭所关注。

(二)央视曝八大"教育潜规则"

据新华报业网—《扬子晚报》2009年11月2日报道：教育部门屡发新规，治教育顽疾却毫无起色。针对新规旧律，当前中小学教育还形成了多项潜规则。一是"免试就近入学"异化为"争相择校"；二是择校费"被自愿"；三是奥数改头换面；四是升学率还在争第一；五是"重点班"改名"创新班"；六是补习班挂名"家长委员会"；七是"你的学生我来教"；八是全日制培训班集体易地补课。

(三)《人民日报》五问中国教育

《人民日报》称：2009年10月12日，本报全文刊登了温家宝总理在今年教师节前夕考察北京三十五中时所作的重要讲话，字里行间让人体会到总理对中国教育现存问题的沉思。本版自10月19日至10月23日，从温总理讲话中归纳出五个问题是以"五问中国教育"。一问中国教育如何摆脱"危机"；二问怎样培养出更多"李四光"；三问"教育家"们在哪里；四问素质教育何以年年提年年缺；五问教师地位为何总没"到位"。

上面引用的为媒体信息，总体而言，媒体是代表大众的，是反映客观现实的。

"跳出教育看教育"，我们很少看到我们所希望看到的对教育已经取得的成就的肯定和赞美，更多看到的是批评、要求，其严厉程度甚至令辛苦的教育工作者感到委屈和难以接受。但我们不必抱怨媒体，因为现代媒体主要的功能是发现并批评你的不足，而不是对你应该做到事情的肯定和歌颂。

"跳出教育看教育"，我们同样看到社会和公众对教育很高的期望值和要求的超前性。当教育工作者刚刚为义务教育经费保障机制建立、教育投入不足得到有效缓解而喘口气的时候，社会已强烈要求推进教育均衡，要求缩小城乡教育差距。

"要跳出教育看教育"，就教育部门而言，这句话已不仅停留在口头上，确实也真跳了，但相当一部分人都跳到对教育有利的角度去看教育，而不是以一个家长的角度、一个公众的角度、一个弱势群体的角度去看教育，"横看成岭侧成峰"，难以看出教育的全貌乃至弊端来。我们常说，越接近社会底层就越接近真实，跳出教育看教育有个往哪跳的问题，不然看到的未必是全貌或者症结，未必代表社会和大众的观点，也难以对症下药。正如今年教师节前夕温家宝总理在北京市第三十五中所指出的那样："应该肯定，新中国成立 60 年来我国教育事业有了很大发展，无论是在学生的就学率还是在教育质量上，都取得了巨大成绩，这些成绩是不可磨灭的。但是，为什么社会上还有那么多人对教育有许多担心和意见？应该清醒地看到，我们的教育还不适应经济社会发展的要求，不适应国家对人才培养的要求。"

二、跳出教育看教育，我们想到了什么

来自媒体的批评主要集中在教育管理和质量方面，而教育管理和教育质量应是教育的职责或本位。这标志着媒体乃至民众已经开始按照职能评价部门工作的得失。

媒体的批评应当使我们警醒，新的时期，教育的本位或者说重点是什么。

人民教育人民办及其后的税费改革时期，政府办教育的机制尚未

完全建立或正处于转型期，教育投入不足乃至由此引发的校舍安全、学校正常运转、教师工资不能按时足额发放问题等困扰着教育，教育部门乃至学校不得不为教育生存而奋斗，不得不将很多的精力用在争取教育投入上，一段时间教育不能集中精力于教育本身，不能潜心于教育，那是为了教育的生存基本条件而努力，除此别无选择。

《义务教育法》和《教育法》的实施、以县为主教育管理体制的建立、义务教育经费保障机制改革和义务教育阶段学校绩效工资制度的实施，政府依法治教、依法投入，从制度上和经费上为教育尤其是义务教育提供保障，为教育回归教育的本位奠定了基础。

随着改革的逐步深入，政府部门的职能定位也逐步清晰。这要求各部门都必须认真地重新审视自己的社会角色并更好地扮演好自身的角色，必须强化自身职业特征，做好本职工作。

教育的本位是什么。胡锦涛总书记2007年的教师节重要讲话语重心长地期望教师"静下心来教书，潜下心来育人"。"静下心来教书，潜下心来育人"，我总觉得总书记这里的讲话不仅面向教师，而且面向教育、面向社会；"静下心来""潜下心来"讲的不单是教师的的心态，还有教育乃至社会的心态；讲的也不只是个心态问题，更深层次还是教育的责任和社会的保障问题。总书记的期望代表中央同时代表大众。我想，由于党和国家坚持把教育放在优先发展的战略地位，由于依法加大对教育的投入，教育部门、学校乃至校长已逐步从教育基本经费严重短缺的窘境中走出；全身心的加强教育管理，深化教育改革，提高教育质量的条件正逐步具备。也就是说，教育已进入新的历史时期，教育的质量和教育的公平为党和国家、为社会和民众高度关注，教育工作者已面临新的更加艰巨的任务。

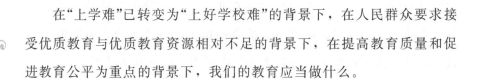

三、跳出教育看教育，我们做些什么

在"上学难"已转变为"上好学校难"的背景下，在人民群众要求接受优质教育与优质教育资源相对不足的背景下，在提高教育质量和促进教育公平为重点的背景下，我们的教育应当做什么。

(一)由重规模向重质量转变

我们的义务教育入学率已经普及；高中阶段已达到70％；高等教育已达到58％，各类学校的发展规模已达到一定的水平，上学难尤其是义务教育上学难已不再突出，但上好学校难，优质资源短缺已成为现实和紧迫的问题。另外，已实现普及的九年义务教育也亟待巩固和提高。再者，我们所讲的教育不公平问题，归根结底也是质量的差异问题，所以，提高质量将是教育部门乃至政府的一项重大任务。规模和质量，从理论上讲是并行不悖的，但从实施的角度讲，不同时期各有侧重。目前而言，提高教育质量任务尤为紧迫。

(二)由重物向重人转变

温家宝总理说，百年大计教育为本，教育大计教师为本。要认识到教育质量的提高最终取决于教师水平的提高，要看到目前教师队伍的现状与优质教育的需求相距甚远，加强师德教育和业务培训是我们提高教育质量首先必须解决的问题。

(三)忠实遵循教育规律，努力提高教育科学化水平

这些年，我总觉得我们教育上提的口号多了，而在脚踏实地扎扎实实实施上做得少了；在决策上我们深思熟虑少了，匆匆忙忙地拍脑

袋决策多了；在做法上热热闹闹的场面多了，寂寞冷静实验研究的时间少了。教育也有个少一些折腾多做一些实事的问题。我们应当懂得、我们也应当使大众懂得，教育是有规律的，不管你认可不认可，它都是客观存在的；违背教育规律终归要受到惩罚的，从历史的、国际的角度都可以印证这一点。教育存在不少亟待解决的突出的问题，需要集中力量在一个阶段解决，这是可以理解和必须做到的，但教育毕竟更是个系统工程，有其自身的发展规律和周期，教育更需要一个长期的、全面的、科学的规划，更需要教育工作者乃至社会共同遵循教育规律及其科学规划，以科学的精神和态度认真地予以实施。

（四）由时间效益向科学方法效益转变

温家宝总理2009年教师节前夕在北京三十五中的重要讲话语重心长提出教育的一个不适应和三个亟待，如何教学、如何育人，总理心急如焚。我总觉得，到目前为止，就大多说学校而言，在追求质量上，我们的方法还是拼时间，拼加班加点，不要说研究层面的，就是一些基本的可以出效益的地方我们都还未做到，比如一些常规的东西：叫学生做的作业老师做过吗？叫学生背的课文老师背过吗？学生的作业是老师你改的吗？学生的试卷是老师出的吗？学生想的什么老师你知道吗？

教育不能违背规律

——接受《新安晚报》记者刘高威的采访

　　教育是一门科学，是有规律可循的。换句话讲，教育的规律是不可违背的，作为社会、家长或教育工作者，必须研究教育规律，并遵循教育规律去办事。中共安徽省委教育工委委员、省教育厅总督学、国家督学李明阳2月29日接受本报记者采访时认为，因此现阶段讨论教育本真这个话题特别有意义。

一、懂教育的人太少

　　李明阳认为，现在这个社会上，认为自己懂得教育的人太多，但实际上懂得教育的人又太少。关注教育与懂教育不是一个概念，关注教育是一件好事，但并不意味着就懂教育，目前懂教育的人非常紧缺。大家对教育缺少深入、严肃的研究，缺少一种很严肃的试验与认真归纳，并将其上升到理论层面。

　　追求教育的本真，要将一些有研究价值的问题提出来，对提出的问题进行客观全面的分析，不要过于从个人、一时一地的角度去理解，而是客观、全面、历史地去分析，然后得出一些可操作性的能上升到理论层面的总结，再在教学实践中去实践。

　　例如，中小学生课业负担过重问题，是现在整个社会相当多的中小学校中存在的一个突出问题。大家逐步认识到过重的课业负担影响青少年全面发展，影响了身心健康，一定程度上影响了青少年的幸福感。人的各个阶段的幸福感是不一样的，青少年也有他的幸福感。但是，过重的课业负担压抑了学生的幸福感，不论是学习成绩好的学生或学习成绩一般化的学生，成绩都是以幸福感换来的。学生可以换来比较多的学习时间，好的学业成绩，为将来带来某种好处，但是却丢掉了儿童的天真、欢乐与幸福感。而这种幸福感，到了中年、老年后不可能再被复制，这种代价实在太大了。

二、剖析教育现象应理性

李明阳分析说，出现课业负担过重问题的原因是多方面的，我们要进行认真分析。

第一，多年计划经济形成就业一次定终身的模式。在过去，是否读大学是就业的分水岭。上好大学，有好工作，如果被淘汰，就得不到好工作、好待遇。读大学带来的是穿草鞋或穿皮鞋的机会，很多孩子不得已想尽一切办法取得高考的成功，将来获得一份好工作。现在，虽然随着市场经济的发展逐步完善，就业观念也得到改善，但这种惯性并没有消除。

第二，研究教学中存在的问题。中央、省都在喊减轻学生课业负担问题，市县不能再喊口号，要落实到具体的教学行为上面。首先，教师要了解学生，了解作业。具体化来讲，布置作业前，教师做过没有？教师可知道重点和难点在哪里？哪些知识点是有价值的，哪些是没有价值的？教师是否已经认真分析过。其次，教师要把握好教学时间。教学时间并不是越长越好，达到一个临界点后，对学生已经没有任何意义，过了一个临界点，便会对孩子有害。最后，每个学生的个性不一样，接受知识的程度也不一样，教师要因材施教，了解每个学生。

第三，家长同样有责任。家长望子成龙的心态比较普遍，都希望孩子读大学。这种愿望是好的，对社会有益，能够提高社会的文明程度。但是，家长也要思考，虽然目前大学录取率比较高，但上好大学的比例依然低，孩子受到天赋、努力、爱好、环境等条件限制，不可能会有同一个结果。家长应该更有包容性，考虑社会发展大的趋势，考虑孩子的实际情况，让孩子拥有快乐、幸福的一生。有些家长给孩子购买了大量的教辅材料，孩子完成回到家要完成学校作业，再完成家长布置的作业，再预习明天功课，他们时间有限，也需要休息。

第四，少数地方政府对学校下达升学率指标，对升学率高的学校进行奖励。政府的导向作用很明显，学校主要精力抓升学率，加重了学生的负担。此外，社会上一些以营利为目的，以各种渠道推销教辅资料的群体，也为增加学生负担起到推波助澜的作用。

三、答案要立足于综合分析

"这时，我们就必须理性，系统解决这个问题。"李明阳表示，第一，从教育主管部门来讲，将来实行中小学课程改革，减轻中小学校教材数量过多、难度过大问题。第二，要促进教师教育教学方法的改革，提倡教师向 45 分钟要效益。教师备一节课花费 100 分钟与花费 200 分钟的效果是不一样的，备课是备到班，还是备到学生是不一样的。对学生的辅导也要有针对性，因材施教是教师教学的道德底线。第三，要改变家长的观念，"三百六十行，行行出状元"，孩子不论做什么都可以成为对社会有贡献的人。第四，政府引导学校促进学生的全面发展，既关注优秀毕业生，也要关注那些弱势群体。学校培养人才，是面对整个社会培养方方面面的人才，不是某方面的人才。对于社会来说，各种人才都重要，政府要起到良好的导向作用。对那些推销大量课辅资料的群体以综合治理办法治理。

一个教育现象的背后有深刻背景，要解决需要全面分析，然后在政策、指导层面解决这个问题，例如，课业负担这个问题，我们要从各种角度分析。在看到课业负担过重的问题同时，我们也要知道学生没有负担也是不正常的。每一个成功人士的成功都来之不易，都需要承担一定的责任，都有一个艰辛的道路要走。而学生在儿童、少年这个人生的阶段，也要为将来走向社会承担责任而作准备，在这个阶段不可能没有负担。同时，我们也要看到在个别农村还存在"两头红"现象，"太阳老高才上课，太阳高挂已放学"，我们不能重视一个方面而忽略了其他方面，相反的问题也存在也要解决。

解决课业负担是千千万万教育现象中的一个问题，要采取科学、精细的态度解决，而不是采取大而化之的态度。李明阳告诉记者："以这种方式来深刻分析、提炼和总结，就是他对追求教育本真的理解和思考。"

四、教师道德立于社会顶端

我省的教育改革将走向何方？趁着采访间隙，记者特地与李明阳聊起了这个话题。

李明阳认为，我省义务教育层面走得很扎实，1986—2006 年用 20 年时间解决普及九年义务教育问题，使所有孩子有学上，这是一件不容易的事情。之后政府解决了校舍安全问题、平安校园建设、防震改造等，现在的学校校舍是安全的、宽敞的。下一步为学校提供保障经费，保障学校的正常运转。但是，随着经济的发展，百姓对优质教育资源的要求在提高，现在上好学校难的问题还没有解决，如何将学校办得更好，满足百姓需求成为新的挑战。

当前，扩大优质资源诸多因素中最关键的师资力量。第一，数量问题。总的来说师生比还存在两个问题。城市与农村的师生比不完全一样；师生比过高，导致大班额问题不能完全得到解决。此外，突出问题是幼儿师资不足，现在从中央到地方政府都在抓学前教育，要加强幼儿师资建设。第二，从质量上讲，要全面提高教师队伍质量。一是抓师德建设。尽管社会由各个群体组成，但教师是最重要的群体之一，道德要求也不一样。教师要具有奉献精神。对教师的要求，有别于其他社会成员，奉献精神是教育的明显特征。教师道德要立于社会的顶端，教师与医生的道德不能滑坡，否则会影响到整个社会的道德滑坡。教师是培养人的，是社会文明的传播者，要传播整个社会的道德和价值。因此，每年师资培训、师德年和规范教师行为活动中，师德建设都放在第一位。二是要抓好业务。当前对教师培训的重视已经提高到历史的高峰，国培计划、省培计划、远程教育等，要让培训常态化。三是加强教师队伍管理。实行绩效工资制度，开展各种奖惩制度，激发教师的活力。

当个好校长

——略谈校长的示范和管理

努力造就一支"师德高尚、业务精湛、结构合理、充满活力"的高素质、专业化教师队伍，造就一批教育家，是《纲要》提出的新战略目标。如何培养一批富于职业理想、勤于学习、具有人格魅力、善于管理的校长是教师队伍建设中一项十分重要的任务。

一、校长要富于职业理想

一是要有博爱精神，做到"有教无类"，不挑剔学生的出身、相貌、性格和天资，真心地爱每一个学生，而不是只喜爱能给自己和学校争所谓名声和荣誉的学生。春秋时期，鲁国的贵族南郭惠子对孔子收徒不讲门第，不问出身的做法看不惯，对子贡说："你老师门下的人太芜杂了吧。"子贡回敬说："老师品行端正，想来的不拒绝，想走的不阻挡，就像良医门前病人多一样，所以，我老师门下的人才这么复杂。"二是对一切事情的选择和判断要从学生的角度出发，对教师的评价要取决于教师教书育人的态度和水平，保证学校的一切教育教学活动都有利于学生的健康成长。三是要把学校的一切都变为教育的资源，让自己和教师的一言一行，让学校的一砖一石、一草一木、一角一景都体现出教育理念，在某种意义上，学校是校长理念的物化，学校是校长的化身，校长做任何事情绝不可只图省心省事甚至急功近利，而是要精益求精。四是要做到仰望星空，脚踏实地，校长要把自己的理想变成每一天的具体的努力，把日常工作与理想追求融为一体，不因困难、挫折、寂寞、误解、名利而动摇。五是以制度管学校，以优良的校园文化熏陶学校，如此，便能保证学校可持续发展，因为制度是永久的，文化的力量是巨大的。

二、校长要勤于学习

孔子说："学而不厌，诲人不倦。""学而时习之，不亦说乎！"世人应如此，作为知识和智慧的化身的教师尤其是校长更应如此。学习是一切进步的先导，不学习是一切落后的根源。清代学者王夫之也说"才以用而日生，思以引而不竭"，说的是一个人"才干因使用而增长，思维因深入而不致枯竭"。一个人不读书、不学习，思维就会迟钝、僵化，素质就不会提高，终究会成为时代的落伍者。校长的学习不是一时的，而是一世的，即我们所讲的终身学习。有的新校长在岗位上烧过三把火后，就觉得当校长不过如此，就不注重学习了；有些校长年龄大点、任职时间长点，就以为船到码头车到站而没有学习必要了；有的校长总是强调没有学习时间，而不知道时间都是挤出来的，如鲁迅先生说："哪里有天才，我是把别人喝咖啡的时间都用在工作上了。"读书学习对于校长来说，既是专业发展的需要，也是一种高尚的精神境界、一种良好的精神状态。"小雨半畦春种药，寒灯一盏夜修书"，学习固然寂寞，但这种寂寞是美丽的。一个人、一个校长学习不学习是不一样的，内在的修养会外化为一个人的言谈举止，不注重学习的校长，平时讲得多是些模棱两可的含糊话，缺乏新意的陈旧话，人云亦云的重复话，不解决问题的原则话，不懂装懂的外行话。校长们如果不学政策，不学业务，不学新知识，久而久之与师生也就无共同语言了，这样的校长又怎么领导好一所学校呢。从严格意义上，不学习的校长已经不再是一位校长了。所以，校长的学习务必要持之以恒。

三、校长要有人格魅力

榜样的力量是无穷的，人格的力量也是无穷的。校长的榜样作用、人格力量是决定教师向背的关键因素。校长要以道德的力量和人格的魅力感染和影响教师。讲到道德，我想把话题展开一些。有的老师问，社会有各类群体，为什么要特别强调师德呢。我是这样认为的，维系社会稳定和规范人们行为的有法律和道德，法律多是外在的，是他律，是强制的；道德多体现为内在的，是自律。二者相辅相成。在道德范畴，教师道德尤为重要，这是由教师特定的社会角色决定的，因为教师是人类文明火炬的传递者，肩负教书育人的使命，教师道德应是社会道德的表率，教师应是社会道德的引领者。教师道德滑坡将会给社会道德带来灾难性的创伤。正是基于这一点，无论政府、社会和教育都永远高扬加强师德建设的旗帜。鉴于此，教师要自觉成为社会道德建设的先行者，为社会道德建设做出应有的贡献；而为政于教师和学生云集的学校的校长，更要修炼身心，磨炼人格，做到道德情操高尚，言行举止文明，生活作风正派，只有这样才能影响和凝聚周围的教师。相反，如果一个校长不尊重教师，不干实事，作风浮夸，甚至打牌赌博，违法乱纪，就无法凝聚教师，更无法管理好学校。因此校长一定要有人格魅力。

四、校长要善于管理

育好人才的关键在于治理好学校。校长在学校管理中的特殊地位和作用决定了校长必须善于管理。一是要做到知人善任，要深入到教学一线，多了解、多沟通，慧眼识人，大胆用人。二是要民主决策，要把师生们的智慧集中起来，把校长负责制和集体领导、民主决策有机统一起来，充分调动一切积极因素参与有关学校发展的重大决策，使决策的执行者尽量成为决策的参与者，从而最大限度地实现教师个人发展与学校发展的共赢。三是要以人为本。只有以人为本，才能使学校人才辈出、事业持续发展。校长的管理还要精细化，知人善任，善于激励不同个性、不同发展阶段、不同年龄阶段教师的积极性，做到管理要管人、管人要管心、管心要关心、关心要真心。

五、校长作用重大、使命光荣

校长们不要把校长仅仅作为职务，更要把它当作一种职业，一项事业，当一名真正合格的、优秀的学校校长，为学校的改革和发展做出积极的贡献。

义务教育绩效工资制度下的教师
激励机制的研究

百年大计、教育为本，教育大计、教师为本。当前，我国教育事业发展已经进入到全面提高教育质量的新阶段、建设人力资源强国的新阶段。完成新阶段的新任务，实现新阶段的新目标，必须把加强教师队伍建设、提高教师素质作为一项重大战略任务。依法保障教师工资待遇，建立吸引优秀人才长期从教、终身从教的良好机制，是加强教师队伍建设的重大基础性工程。2008年12月，国务院第41次常务会议决定，从2009年1月1日起，在全国义务教育学校率先实施绩效工资制度。这一制度的推行对于依法保障教师收入水平，建立、健全教师工资的正常增长机制，建立、健全教师竞争激励机制，营造尊师重教的社会环境，激发广大教师积极投身教书育人事业，吸引和鼓励优秀人才长期从教、终身从教具有重大意义。

一、率先在义务教育学校实施绩效工资制度，进一步营造了尊师重教的良好社会氛围

义务教育学校实施绩效工资，是党中央、国务院在特殊背景条件下作出的一项重大决策。2008年，我国正面临较大经济困难，全球金融危机对我国的影响日渐加深，我国经济受到较大冲击，财政税收增幅降低，同年又遭遇了历史罕见的南方冰雪、汶川大地震等特大自然灾害。在这种困难条件和其他事业单位尚未实施绩效工资的情况下，

党中央、国务院决定率先实施义务教育学校绩效工资政策，充分体现了党中央、国务院对教育事业的高度重视，体现了坚持教育优先发展战略的坚强决心，体现了对广大教师的亲切关怀。

近3年来，按照党中央、国务院的统一部署，在各级党委、政府、相关部门和学校的共同努力下，全国义务教育学校实施绩效工资取得突破性进展。安徽省委、省政府领导同志高度重视义务教育学校绩效工资实施工作，省政府常务会议专门听取了全国义务教育学校实施绩效工资工作会议精神和我省贯彻意见的汇报，及时召开全省义务教育学校实施绩效工资电视电话会议，对全省义务教育学校实施绩效工资工作进行统一部署。省有关部门密切协作，通力配合，切实抓好落实。截至2010年2月底，安徽省17个省辖市和105个县（区）所属义务教育学校及省直单位所属13 443所义务教育学校绩效工资全面实施。义务教育学校绩效工资的实施，依法保障了义务教育学校教师平均工资水平不低于当地公务员工资水平，同时建立了随公务员规范后的津贴和补贴同步、同幅度调整的长效机制，这使教师收入水平从根本上得到有效保障。义务教育学校绩效工资的率先实施，提高了教师的社会地位和职业荣誉感，增强了教师职业吸引力和竞争力，极大地推动了在全社会弘扬尊师重教的良好社会风尚，使教师越来越成为令人羡慕的职业。

二、义务教育学校实施绩效工资制度，有效促进了教育人事制度改革不断深入

在事业单位实施绩效工资，是推进事业单位收入分配制度改革的重要内容。在基本工资之外设置绩效工资，将其作为事业单位工作人员收入的重要组成部分，主要是为了体现事业单位的特点，促进搞活内部分配，使工作人员收入与岗位职责、工作业绩和实际贡献相联系，增强工资的激励功能，充分调动工作人员的积极性、创造性，促进事业更好发展。义务教育学校实施绩效工资，不仅要依法保障教师的总体收入水平，更为关键的是要建立有效的激励机制，将有效促进教育人事制度不断深入。

1. 转变了思想观念。随着义务教育"以县为主"管理体制的建立与完善，实现了教育事权、财权、人权的相统一，使县域内的教师资源可以统筹，中小学人事制度改革取得了显著成效。但在分配领域习惯于"大锅饭"、搞平均主义的观念依然存在，似乎这样比较公平，便于操作，也不易产生矛盾。但这种做法的结果，就是干与不干一个样，干好干坏一个样，不利于调动教师的积极性，不利于促进教师的成长，也不利于促进教育事业的发展。实施绩效工资制度，各级教育行政部门不断加大政策宣传力度，积极引导校长和教师统一思想、转变观念，使每位校长和教师深刻认识这项改革的重大意义、深刻内涵和精神实质，为实施好义务教育学校绩效工资改革奠定扎实的基础。

2. 建立了分配激励机制。实施绩效工资，坚持多劳多得、优绩优酬，重点向一线教师、骨干教师和作出突出贡献的其他工作人员倾斜，按照教师的岗位职责、工作量和实绩与贡献适当拉开分配差距，充分发挥绩效工资的激励功能，调动广大教职工的积极性、创造性。

3. 发挥了教师的主人翁作用。按照国家文件规定，绩效工资分为基础性和奖励性绩效工资两部分。其中奖励性绩效工资在核定的总量内由学校按照规定的程序和办法，在绩效考核的基础上自主分配。教育部出台了《关于做好义务教育学校教师绩效考核工作的指导意见》，安徽省教育厅出台了的实施意见，各市、县教育局出台了实施办法，每所学校应按照上级文件精神，从学校实际出发，认真制定绩效考核和绩效工资分配办法。办法的制定，要充分尊重教师的主体地位，广泛听取教职工的意见并经教代会讨论认可，绩效考核结果和绩效工资分配方案要在学校公示。广大义务教育学校教职工真正参与到制度建设和实施工作中，把实施办法研究制定过程作为集中群众智慧、进行政策宣传、统一思想认识的过程，真正使教职工理解、支持、参与、监督实施工作，发挥了广大教职工的主任广大义务教育学校教职工真正参与到制度建设和实施工作中，把实施办法研究制定过程作为集中群众智慧、进行政策宣传、统一思想认识的过程，真正使教职工理解、支持、参与、监督实施工作。

三、义务教育学校绩效工资改革在激励机制方面存在的问题

义务教育学校实施绩效工资改革是一种探索、是一种创新，是一项复杂敏感的系统工程。在义务教育学校，推行教师绩效工资制度，其重要目的之一就是通过工资分配方式的改革，保障与提高教师的工资水平，调动广大教师工作的积极性。从发挥绩效工资的激励功能，构建有效的激励机制，提高广大教师教书育人的积极性、主动性、创造性来看，目前还存在着一些需要注意与改进的问题。

一是在激励的政策导向性上相关政策有待完善。义务教育绩效工资改革率先进行，在政策上应有一个不断完善的过程。具体来说有三个方面：（1）在总量核定上，国家文件规定按照教师平均工资水平不低于当地公务员平均工资水平的原则确定，由于政策规定比较笼统，加之各地认识上的问题，几乎所有的地方都是按照公务员的阳光工资水平来等量确定义务教育教师的绩效工资水平，使得政策没有结合各地不同情况具有一定的弹性。（2）在结构比例上，国家文件规定基础性占70％、奖励性占30％，由于20世纪90年代事业单位工资改革实行过30％活工资政策，当时各地基本上按照本人工资的30％发放的，没有

拉开差距。历史上的相似情况，使得在本次绩效工资改革中，不少基层学校和教师存在30％是自己工资的认识误区，影响了改革的推进。同时，30％的比例有些偏低。（3）在项目设定上，国家文件将班主任津贴、农村教师津贴列为绩效工资项目之一，本意上突出对这两个群体的重视，但在津贴来源上规定从绩效工资总盘子中统筹解决（以往班主任津贴、农村教师津贴在工资外单列），使得在一些绩效工资水平低的地方难以实现政策预期效应，甚至会引发一些矛盾。

二是激励的经费保障性上保障机制不尽健全。绩效工资政策虽然规定义务教育学校教师绩效工资所需经费纳入财政预算，并强调"省级统筹"，但未对省级财政义务教育投入的基线标准、配套资金比例与数额予以明确，造成绩效工资经费负担目标不明，责任不清。目前的现实状况是，中央财力支持不足，省级统筹责任不清，财政保障的责任重心无论是在"县级财政优先保障"的政策指导下，还是在各地实际执行中，均出现了财政责任不同程度的层层下移，最终落到了县级财政上。从我省义务教育学校实施绩效工资的实践看，欠发达县级财政承受能力有限，可用财力较弱，财政支出压力较大，绩效工资财政资金来源很大程度上靠压缩教育事业发展经费以及各级财政转移支付来完成，影响了对教育基础设施建设的投入，也影响了教育的长远发展。

三是在激励的公平认可性上水平核定地区间存在一定差距。实施绩效工资前，义务教育学校教师工资实际存在两种收入差距，一种是同一县域内不同学校之间的教师收入差距；另一种是不同县域之间的教师收入差距。义务教育学校实施绩效工资，有效缩小了过去同一县域内不同学校之间教师工资收入的差距，保障了同一县域内义务教育教师工资水平的大体平衡，同时使得乡村教师的工资水平略高于县城教师，这对推进义务教育教师合理交流、促进义务教育均衡发展起到

第一辑　研究与思考

了积极的作用。但另一方面，由于实施绩效工资政策之后，教师绩效工资是按照"教师平均工资水平不低于当地公务员平均工资水平"的原则核定，不同县域之间公务员平均工资水平实际存在差距，导致不同县域之间教师绩效工资水平也相应存在差距，经济困难地区和发达地区差距超过两倍，挫伤了贫困和欠发达地区教师的积极性，也影响了经济困难地区教师队伍的稳定，加剧了骨干教师的流失。

四是在激励的有效择优性上考核与分配机制不够科学。改革的难点就在于30％奖励性绩效工资的合理分配问题。如师德考核难以量化和认定，教师业绩指标难以衡量，由于学科工作量标准不明确而导致的教师隐性劳动差异难以得到体现，等等。教师教学业绩很难在短时间进行具体的量化细化，所以学校在分配奖励绩效工资时不得不以教师的职称和级别作为重要的分配依据，真正的"绩效"难以得到有效体现。主要表现为三个方面的问题：一是简单化。有些学校在制定绩效工资考核和分配方案时，没有广泛发扬民主，工作走过场，考核指标笼统、模糊，缺乏可操作性，从而使得绩效考核流于形式。二是平均化。绩效考核的简单化，大多造成绩效工资分配的平均化。一些学校基本上按照教师本人绩效工资的30％发放教师的奖励性绩效工资，至多是对个别表现极差的教师予以扣发奖励性绩效工资。三是行政化。有的地方和学校在制定绩效工资分配方案时，将校长、副校长和中层干部等领导岗位折合成绩效系数，均高于教师的平均数，最终出现了"学校行政人员拿上限，普通教师拿平均数，教育管理人员和后勤人员拿下限"的现象。

五是在激励的环境支持性上学校管理亟待改进。绩效工资制度改革涉及教职工的切身利益，尽管在实施义务教育学校绩效工资改革过程中，各级教育行政部门注重政策的宣传和解释工作，但仍有一些教师认为30％的奖励性绩效工资属于自己，拿出来重新分配不合理；也有一些学校因绩效考核内容设置不够合理，存在主、副学科之间、教师和学校中层干部之间工作量计算等方面存在差异，在绩效工资分配比例等方面不够合理等矛盾，激化了教师之间的矛盾，难以真正起到调动教师工作积极性的作用。

四、完善义务教育学校绩效工资改革下教师激励机制的建议

1.完善政策，为建立有效教师激励机制提供支撑。一是合理确定各地义务教育绩效工资总水平。改变目前各地完全按当地公务员阳光工资水平确定义务教育绩效工资总水平"一刀切"的做法，按照"限高、稳中、托低"的做法，对贫困县等艰苦偏远地区的教师绩效工资水平实行一定比例的上浮，逐步缩小绩效工资水平的地区差。二是科学核定各校的绩效工资总额。改变单纯以在职教职工数核定学校绩效工资总额的做法，采取因素分配法，适当考虑学校的编制余缺情况、办学质量情况等，形成好的导向。三是单列班主任津贴和农村教师津贴。在绩效工资总额之外，由财政安排专项经费，解决班主任津贴和农村教师津贴。建议国家从政策层面，规定在绩效工资总量之外按照农村教师工资总额的15％～20％的比例设立农村教师津贴，使得农村教师工资水平有一定幅度的提高。一方面，可以稳定农村骨干教师，吸引优秀高校毕业生到农村任教；另一方面，有利于缩小农村教师与城市教师的收入差距，推动城乡教师的合理流动。四是健全绩效工资经费保障机制。借鉴义务教育经费保障机制的做法，建立中央与地方分地区、按比例共同分担的绩效工资财政保障机制，切实加大中央和省级财政投入和支持的力度。中部地区实行中央和地方按5：5共同负担；西部地区以中央为主、地方为辅，按8：2比例分担。对于财力特别薄弱、

绩效工资经费供求压力尤为突出的县区，中央和省级政府应给予特殊倾斜甚至全额支持，切实加大对特别贫困、欠发达地区农村教师绩效工资投入与保障力度，确保义务教育教师绩效工资按时足额发放到位。

2. 科学考核，发挥绩效工资的激励功能。绩效主要体现为干多干少、干好干坏，因此需要制定科学的教育教学绩效考核办法。一是强化绩效考核与分配的统一性。按照义务教育"以县为主"管理体制的要求，各县区应设立统一的义务教育教师绩效考核指标体系及不同岗位分配系数，保障同一县域内不同学校相同岗位的教师奖励性绩效工资分配大体相当。二是把教师个人绩效与团队绩效、学校发展统一起来。绩效目标的设定是学校绩效管理制度的重要环节。学校应将工作目标系统化，并将总体目标分解为部门目标和个人目标，明确各部门、个人的岗位职务、责任、权限、利益，做到四者相统一。同时，要帮助教师制定个人的职业生涯发展目标，实现学校组织目标与教师个人目标相对接。三是将可测量绩效任务与不可测量绩效使命相结合。当绩效被理解成教师上了多少节课而不考虑课的质量时，教师就会尽量多上课；当教育绩效被理解成学生的考试成绩而不管学生的全面发展时，高分就会成为教师唯一的追求。因此，需要全面而科学地分析学校每个岗位的工作情况，就这个岗位可以标准化的部分提出科学的指标，就这个岗位不可以标准化的部分提出使命化的描述，同时还应关注这个岗位与其他岗位之间的关联与渗透，从而提高学校整体的教育效率。四是从教师绩效工资分配向学校绩效管理转变。绩效考核可以是教师绩效工资的一项参照依据，但绝不应该是唯一的参照依据。教师绩效考核应为学校绩效管理的一个部分，通过让教师参与学校绩效管理过程，既培养他们对自己所在岗位的责任感，又能有效地提高其专业能力。

3. 配套改革，形成有效激励教师的综合效应。一是与用人制度改革相结合。深化学校人事制度改革，旨在建立起"人员能进能出、职务能上能下、待遇能高能低"的运行机制，以激发广大教师的精气神和创造力，推动教育事业科学发展。绩效工资制度改革，就是通过解决干多干少、干好干坏一个样的问题，使得教师待遇能高能低。能否实现这一目标，不仅仅在于绩效工资改革本身制度设计合不合理，而且与用人制度改革到位不到位密切相关。企业的效益工资改革比较成功，其中一个重要方面是企业实现了真正意义的全员劳动合同制。因此，需要以事业单位岗位管理制度改革为基础，加速推进中小学用人制度改革，实行规范的教职工全员聘用制度，与绩效工资制度改革相衔接。同时，应加快事业单位养老保险制度改革的进程，为教师从教育系统人变为社会人打下基础。二是与教师职称改革相结合。这次国家扩大中小学职称改革试点，想要解决的一个重点问题就是发挥好教师职务评聘在中小学教师管理工作中的激励和导向作用，树立正确的用人导向，推动中小学教育教学质量水平的提高，为此，应将师德表现和教育教学工作实绩作为教师职务评聘的主要依据，切实改变过去在职务评聘中过分强调论文、学历的倾向，引导广大教师在本职工作岗位上建功立业。因此，在绩效考核和绩效工资分配中，需要与职称改革制度相衔接，形成良性共振，产生合力。三是与师德建设相结合。坚持德才兼备、师德为先的原则，严格实行师德问题"一票否决"，将师德表现与教师的绩效工资直接挂钩，将师德建设与校长的绩效工资紧密相连。四是与管理制度创新相结合。大力推行校务公开制度，建立、健全教职工代表大会制度，不断规范学校财务管理，努力消除学校管理的行政化倾向，积极营造有利于建立有效教师激励机制的环境与氛围。

刻不容缓地加强教师队伍建设

——学习《国家中长期教育改革和发展规划纲要》的体会

《国家中长期教育改革和发展规划纲要》（以下简称《纲要》）指出："教育大计，教师为本。有好的教师，才有好的教育。提高教师地位，维护教师权益，改善教师待遇，使教师成为受人尊重的职业。严格教师资质，提升教师素质，努力造就一支师德高尚、业务精湛、结构合理、充满活力的高素质专业化教师队伍。"我们要认真学习领会《纲要》精神，深刻领会教师队伍建设的必要性和紧迫性，切实加强教师队伍建设。

一、从历史的角度看，教师队伍建设欠账较多

教育是需要保障条件的，从大的方面来说，保障条件包括：教育的管理体制、教师队伍、教育经费、校舍和教学设施。那么，我们以义务教育为例，回顾一下我们曾经走过的路，看我们做了哪些事，还有哪些事亟待去做。

我们从法律和政策层面明确了义务教育政府办。《义务教育法》明确了儿童接受义务教育的义务和责任。1986 年 7 月 1 日起施行的实施《义务教育法》规定"国家实行九年制义务教育"；"凡年满六周岁的儿童，不分性别、民族、种族，应当接受规定年限的义务教育"。《义务教育法》实施的意义在于"使儿童、少年在品德、智力、体质等方面全

面发展，为提高全民的素质，培养有理想、有道德、有文化、有纪律的社会主义建设人才奠定基础"。

我们建立了义务教育经费的保障机制，实现了义务教育阶段学生免费上学。2001年5月，国务院下发《关于基础教育改革与发展的决定》进一步明确了义务教育政府办。"实行在国务院领导下，由地方政府负责、分级管理、以县为主的体制"，将基础教育管理权限上升至县级，改变了义务教育责权层层下放、事实上以乡镇为主举办义务教育的体制。以保障农村基础教育的基本需要。

2006年年初，财政部、教育部联合制定了《农村义务教育经费保障机制改革中央专项资金支付管理暂行办法》。按照"明确各级责任、中央地方共担、加大财政投入、提高保障水平、分步组织实施"的原则，逐步将农村义务教育全面纳入公共财政保障范围，建立中央和地方分项目、按比例分担的农村义务教育经费保障机制。从2006年起，在农村实行"两免一补"（免除杂费、书本费，补助寄宿生生活费）的义务教育经费新机制，首先在西部农村开始实行，2007年扩大到全国所有农村。建立了义务教育经费保障机制，真正实现了"读书不交费"的目标。

我们大规模地、持续地进行校舍建设。"三结合"建校——危房改造工程——寄宿制学校建设——校园安全工程——学校标准化建设——农村中小学现代远程教育工程。这一系列工程的实施极大地改善了全省中小学尤其是农村义务教育阶段的办学条件，为学生提供安全的受教育场所，改善了学校的办学条件。

相对而言，虽然我们把按时、足额兑现教师工资放在突出位置予以解决，但总的来说，教师队伍建设相对不足，没有随义务教育普及程度和水平的提高而相应发展，历史上欠账较多。

二、从现实的角度看，教师队伍存在着明显的薄弱环节

截至 2009 年年底，全省有普通中小学 1.88 万所，在校生 915.2 万人，教职工 51.58 万人（其中公办中小学教职工 48.66 万人），专任教师 47.34 万人（其中高中 6.39 万人、初中 16.09 万人、小学 24.86 万人）。学历合格率高中、初中、小学分别为 93.21%、98.55%、99.89%，其中小学教师中具有专科及以上学历的达 66.95%，初中教师中具有本科及以上学历的达 54.94%。

(一)教师队伍的数量与结构不适应教育事业均衡协调发展的要求

从数量上看，初中教师基本满编，小学教师总体超编；从结构上看，中小学音乐、美术、英语、信息技术等学科教师明显短缺；从分布上看，城乡之间、区域之间教师队伍发展差距很大，边远地区学校教师稳定率低。教师结构性短缺和区域性短缺问题突出。

(二)教师队伍的综合素质不适应教育现代化的要求

首先是教师的职业道德意识需要进一步增强。其次是教育观念需要进一步转变、知识结构需要进一步更新、教学方法需要进一步改进、创新能力需要进一步提高。我省曾为民师大省，1994—1999 年，先后有 12 万民办教师转为公办教师，多数分布在农村中小学，这些老师曾为义务教育的普及做出很大贡献，但毋庸讳言，他们年龄偏大，陆续进入退休年龄；学历偏低，知识更新缓慢，教学理念陈旧、教学方法滞后，难以适应基础教育课程改革和发展的要求。

(三)教育人事制度改革不适应整个教育事业发展的要求

能进能出的用人机制还没有完全建立，鼓励教师奋发向上的竞争

激励机制和自我约束机制尚待进一步健全。

三、正视历史、面向未来，处理好四个方面的关系

（一）处理好人与物的关系

我们回顾一下，近几年国家和省在基础教育投入上着力解决最为紧迫的"三保"问题，即"保安全、保工资、保运转"，并且取得明显成效。随着形势发展，当前制约基础教育发展尤其是质量提高的主要因素已由"三保"的最基本要求凸显为教师的问题，即人的问题。俗话说，"十年树木，百年树人"，人的问题是尤为重要的，高质量的教育、人民满意的教育首先需要高质量的教师队伍，而高质量的教师队伍是长期建设的结果，换句话说，一旦教师队伍出了问题，就不是短时间能解决得了的，所以现在必须花大力气来解决人的问题，来加强教师队伍的建设。目前，教师队伍建设也已经引起政府和社会的高度重视，胡锦涛总书记在十六届六中全会上强调指出，推动我国教育事业发展，必须充分发挥广大教师的重要作用；温家宝总理在两会政府报告中把实行师范生免费教育作为加强教师队伍建设的重大举措；省委书记郭金龙同志在两会期间要求把人的调配、师资问题作为我省教育发展的首要问题解决好。我们应充分认识到教师队伍建设的重要性，充分认识到从"有学上"到"上好学"转变过程中教师队伍建设的紧迫性。在进一步完善教育投入机制、进一步加大教育投入的同时，花大力气解决教师队伍建设问题。在实际工作中，必须把教师工作放在教育工作的优先地位，优先考虑、优先安排、优先建设。

（二）处理好质与量的关系

教师队伍问题具体表现为数量不足、队伍不稳、管理不活和素质

亟待提高。数量、质量、管理方面存在的问题同时困扰教师队伍的建设。

数量不足原因有三个方面：我省编制标准偏低；南方缺编和北方有编不补或难补；学段性缺短缺；学科性短缺，外语、地理、计算机等学科的教师数量不足。为解决数量不足问题，我们将开展新一轮中小学教师核编；通过县市区党政主要负责同志教育督导考核解决有编难补的问题；实施旨在支援农村义务教育学校的"教师特岗计划"和"免费师范生"制度。

教育路上行与思

我们要更加注重教师队伍的质量建设，因为比起数量的问题，它的成因更为复杂，形成的时间和解决时间都更为漫长。为保证教师质量，要改革教师资格制度，提高门槛，把好入口关，把"不是什么人都能当老师"的理念落实到教师聘用上；要实施义务教育阶段教师绩效工资制度，形成激励机制；要建立退出机制，淘汰不合格教师。

要开展大规模的、制度化的、有效的教师的培训，全面提高教师的素质和教育教学水平。

(三)处理好德与才的关系

教师要德才兼备，师德为首。教师应该有奉献精神，这是师德、师魂，是教师立身之本。要多措并举，强化师德。师德要放在首位，坚持师德考核在教师晋职、晋级和评优中的一票否决，师德不好，一票否决；师德要有章可循，要结合实际制定针对性强、具有可操作性的规章制度；要把师德教育贯穿于教师培训的全过程；要建立教师师德考核评价机制和评价结果运行机制；应该坚持树立正面典型，建立表彰工作的长效机制。

(四)处理好远与近的关系

关于教师队伍建设的情况已经清楚，问题已经明确，现在的关键是怎么做。事物的发展具有其自身规律，从发现问题到达成共识，再到解决问题，有一个过程。教师队伍建设，我们既应有远大的目标，也应有阶段性目标；我们有理由相信教师队伍建设最终会得到很好的解决，但我们又要扎扎实实地一步一步往前走。仗只能一个一个去打，馍只能一口一口去吃。这叫"仰望星空，脚踏实地"。

我们的教育已经从满足数量进入提高质量的重要阶段，提高教育质量关键是提高教师的质量，教师队伍建设过程中的问题已经到了非解决不可的地步；加强教师队伍建设是必然、也是无法逾越的教育规律，是不依人们的意志为转移的。温家宝总理在参加西部地区省份的人大代表座谈会上说："我知道，现在，农村贫困地区的基础教育是缺教室、缺教师。"从社会层面看，整个社会解决教师队伍建设问题的氛围逐步形成，所以我们有理由相信，中小学教师队伍建设需要得到加强，中小学教师队伍建设也必将会得到加强。

天下大事　必做于细

——实践科学发展观活动整改落实方案的制定

　　各校学习实践科学发展观活动已转入整改落实阶段，研究制定一个目标明确、措施具体、责任到位、切实可行的整改落实方案至关重要。

一、方案要实

　　要重方案内容的实，而不是形式的美。老子在《道德经》里说："信言不美，美言不信。善者不辩，辩者不善。知者不博，博者不知。"讲的是有诚信的话不一定是美丽的，美丽的话不一定有诚信；品德高尚的人不一定能说会道，能说会道的人不一定品德高尚；明智的人不一定懂得很多，懂得很多的人不一定明智。我理解，中央领导同志、省领导同志一再苦口婆心强调的就是实事求是，就是实话实说，就是为民办实事；就是要我们明白，理是相通的、情是相通的，群众更多的不是看我们说的如何，而是看我们做得如何。关键是做，如果做得不好的话，你讲得越好反而会适得其反。所以整改方案一定要有实实在在的内容；一定要实事求是。

二、方案要细

　　"天下难事，必做于易；天下大事，必做于细"。方案要做到"四个明确"：明确整改落实项目，对征求意见和分析检查出来的问题，进行全面分析和归类梳理，分门别类提出整改落实项目；明确整改落实目标和时限要求，按照问题的轻重缓急和难易程度，明确什么时间达到什么目标，做到既有近期目标，又有中长期安排。

三、方案立足于行

孔子在《论语·公冶长》中说："始吾于人也，听其言而信其行。今吾于人也，听其言而观其行。"孔子讲的是：以前我对人，听了他说话，便信他的行为了。现在我对人，听了他说话，得再看他的行为。群众何尝不是如此呢，群众是要看我们行为、看我们做得如何的。我们要明确整改落实措施，对需要整改落实的问题，逐项研究分析，拿出解决问题的有效措施和具体办法；明确整改落实责任，对所列整改落实的具体事项，逐项明确责任领导和承办部门，把任务分解细化，把责任落实到人，并向群众作出公开承诺。《论语》说，"君子贵讷于言而敏于行"，也是告诉人们，要谨慎的想问题，办事情，要善于把思想化为行动，切忌空想、说空话、或说了想了却又不去做，不去行动。

四、方案要科学合理、实事求是

学习实践活动要"开花结果"，关键是要解决突出问题。但是有哪些问题需要解决、能解决哪些问题、哪些问题当前必须解决、哪些问题需要进一步创造条件才能解决，领导班子尤其是主要负责同志必须权衡利弊、科学抉择。既不能一筹莫展、裹足不前，又不可能毕其功于一役；既不能拈轻怕重，又不能在不具备条件情况下强其所难。当然，首要的是我们要千方百计创造条件解决问题。孟子曰："挟泰山以超北海，语人曰：'我不能。'是诚不能也。为长者折枝，语人曰：'我不能。'是不为也，非不能也。"这段话出自《孟子·梁惠王上》。当时孟子力劝梁惠王做国家统一大业，为说服梁惠王，孟子就举例说明，他说叫你用两个胳臂把泰山挟起来而且跨越北海（泰山北海都是在当时的齐国），你告诉人说我不能、我没办法、我做不到，这是真正的不能；但是要你为年长者按一按四肢、活动活动关节，你说我的能力达不到、我做不到，这就不是不能了，而是不为了、不愿做了。我理解，孟子的意思是说真正不能做到的事别人是可以理解的，但通过努力能做到的事你却说你做不了，就是你不想做了。我想通过我们努力能做到的事情一定要做，一定要创造条件解决我们能够解决的问题，解决"跳一跳能够到"的问题。

2009 年 7 月 22 日

民办教育只言片语

民办学校的举办人可以不懂教育，但必须懂得尊重、信任自己聘请的懂教育的校长，赋予他们应有的权利，尤其是人权、财权。

从公办学校退下来受聘于民办学校的校长，尤其是来自公办的示范学校的校长，在目前，务必要降低对受聘学校的心理预期，你要知道它还是新生事物，还很幼小，与公办学校相比，它还存在许多不足，克服这些不足就是你的任务，你不能抱怨。

民办学校的举办者一定要理解办学效益的滞后性，不要指望今天办学明天就有收益。当然，你可以今天办学明天就回收效益，但你要同时知道，就是从这一天开始学校开始走下坡路；我不是说民办学校办学没有效益，我是说，在坚持正确的办学方向前提下，要坚持数年。

民办学校在校舍建设上的高起点是无可非议的，但一定要注意，在物与人的关系上，人是最可宝贵的，因此民办学校的举办者必须聘请好教师，因为学生到你这里来不是住宾馆，而是学习。

我见过许多民办学校，一开始就办幼儿园、小学、初中、高中一条龙式的学校，甚至想办大学，实际上，办学者的力量是有限的，用有限的力量扎实办好某一学段的学校，办出特色来，稳扎稳打，步步为营。切忌贪大求全。

民办学校不可家族化，你要知道：学校不是任何人都能办的。

民办学校与公办学校没有高低贵贱之分，十年八年后，有的民办学校会走在公办学校前列，当然有些会被淘汰。

　　民办学校必须看到目前自己有一点优势绝对令公办学校可望而不可即，那就是灵活的用人制度。人的问题是消耗公办学校效益的一个痼疾，而恰恰是民办学校的优势。

第二辑 实践与探索

义务教育三十年　九曲黄河十八弯

——给美国朋友一个中国义务教育印象

2012 年 4 月 19 日，我接待"中美基础教育领导者能力建设项目"美方校长代表团。为了让异国他乡的美国朋友比较清晰地了解安徽省义务教育发展的状态，我将从宏观上对安徽省义务教育进行解读。

我的题目的含义是：安徽省的义务教育虽经历艰难曲折，但最终实现预期目标，如九曲黄河终归大海。

安徽是中部省份，有 6 800 万人口。是一个人口大省，也是一个教育大省。全省义务教育阶段学校即小学、初中学校 19 304 所，在校生 8 306 502 人，专任义务教育教师 407 818 人。

我把安徽省义务教育的发展概括为三段：即：义务教育的普及阶段(1986—2006 年)；义务教育的巩固阶段(2006—2010 年)；义务教育

的提高阶段（2010—2016 年）。简称为"义务教育三段论"。

一、义务教育的普及阶段（1986—2006 年）

1986 年《中华人民共和国义务教育法》的颁布实施，是全国实施义务教育的标志，而 2006 年我省通过国家"两基"（包含义务教育）验收，所以我把这一段作为我省义务教育的普及阶段（1986—2006 年）。

这一阶段概括说我们要实现两大目标：义务教育政府办学；每个孩子有学上。

这个阶段我们做了四件大事：改革办学体制；普及九年义务教育；改善办学条件。

（一）改革办学体制

1985 年 5 月 27 日印发的《中共中央关于教育体制改革的决定》，1986 年 7 月 1 日起执行的《中华人民共和国义务教育法》，明确了义务教育政府办学、以县为主办学和教育优先发展。

（二）普及九年义务教育

解决每个孩子有学上的问题。目前我省小学、初中学龄儿童入学率分别达到 99.81％和 98.63％；而 1986 年小学、初中学龄儿童入学率分别为 96％和 68％。

（三）实现基本办学条件

具体说是"三保"，保教师工资按时足额发放、保校舍安全、保证学校正常运转（保工资、保安全、保运转）。这是一个漫长而艰难的历史阶段。从中央至地方各级政府为此作出了不懈的努力（直至 2007 年义务教育经费保障机制的建立，"三保"任务最终实现）。

(四)实施义务教育阶段课程改革

以着重培养学生的创造精神和实践能力为目标，我省从 2002 年起在义务教育学段逐步实施课程改革，课程改革内容包括教育理念更新、教材改革、教学方法改革和评价制度改革。

二、义务教育的巩固阶段(2006—2010 年)

这是一个承前启后的阶段，2006 年我省通过"两基"验收，标志着义务教育基本实现，因此作为这一阶段的起始段，在 2006—2010 年间建立了义务教育经费保障机制，实现了义务教育的免费教育；完善校舍建设；实施义务教育阶段教师的绩效工资制度；实施了中小学教师编制核定工作。即既完善了义务教育的基本保障条件，校舍安全建设和保障经费运转，又开始把均衡、质量、教师队伍建设提上议事日程。

这是对义务教育成果的巩固阶段。这个阶段我们做了四件大事：实行免费义务教育，城乡同步实施义务教育阶段学生免费教育，明确义务教育阶段学生生均公用经费标准；加强学校校舍建设，大幅度提高校舍安全建设标准；以 2007 年教师节胡锦涛总书记重要讲话为标准，加强教师队伍建设，实施义务教育阶段教师绩效工资制度，对中小学教师新一轮核编，实施旨在加强农村学校教师队伍建设的"特岗教师计划"和"免费师范生计划"、教师培训计划；推进县域内义务教育均衡发展。

三、义务教育的提高阶段（2010—2016 年）

《国家中长期教育改革与发展规划纲要（2010—2020 年）》明确了2010—2020 年教育改革与发展规划。国家明确的任务是考虑到我国东部、中部、西部不同地区的，我省属于中部地区，教育相对发达，所以目标任务完成可相对提前，这就是我把第三阶段化为"2010—2016"而未划成"2010—2020"的原因。

《国家中长期教育改革与发展规划纲要（2010—2020 年）》明确了2010—2020 年教育改革与发展目标为："优先发展、育人为本、改革创新、促进公平、提高质量。"他们的相互关系是：教育的核心任务是育人，两项重点工作是促进公平和提高质量，保障这一目标的实现要靠教育优先发展、改革创新。包括加大投入和加强教师队伍建设。我们的具体任务是：推进县域内义务教育均衡发展；2012 年我们教育经费支出占国民生产总值的比例 4％；造就一支"师德高尚、业务精湛、结构合理、充满活力"的高素质、专业化教师队伍，造就一批教育家；实现从"有学上"向"上好学"的转变。

九曲黄河十八弯，说的是黄河虽经曲折，但终归大海。我省义务教育亦如此，虽经曲折，但总体趋势是：普及九年义务教育，使每个孩子有学上，实现教育机会的均等，实现起点的公平；继而提高教育质量，使得每个孩子有好学上，以实现教育过程的公平。

"十五"期间安徽基础教育的回顾

"十五"以来，我省以农村义务教育为重点，义务教育规模进一步扩大，教育发展的水平进一步提高。2005年，全省105个县（市、区）基本普及九年义务教育，从根本上保障了广大少年儿童义务教育的基本权利。2005年，全省小学适龄儿童入学率99.54%，小学的毕业生升学率99.56%，初中阶段适龄人口入学率97.78%。残疾儿童少年义务教育水平进一步提高，全省现有特教学校65所，在校三类残疾儿童19 159人，大多数30万人口以上的县都建起了特殊教育学校，全省随班就读实验工作取得初步成效，三类残疾儿童入学率达到80%以上，残疾儿童少年职业教育取得较好成效。高中阶段教育保持较快的发展速度。初中毕业生升学率60.51%，高中阶段毛入学率45.01%。

"十五"以来，我们重点抓了以下方面工作：

一、重点指导，分步推进，不断深化农村"以县为主"义务教育管理体制改革

2000年，我省在全国率先进行农村税费改革试点，取消农村教育费附加和农民集资，农村义务教育政府投入严重不足和社会投入渠道丧失等问题凸显，催生了农村义务教育管理体制进一步改革。2001年，国务院印发了《关于完善农村义务教育管理体制的通知》（国办发〔2002〕28号），首次明确：农村义务教育实行"在国务院领导下，由地方政府负责、分级管理、以县为主"的体制。围绕这一新的体制，我省

从"保安全、保运转、保工资"着手，以撤销乡镇教办，建立乡中心校、建立财政部门监管的县级教育结算中心和县教育人才中心（"一破三立一建"）为重点内容，积极探索义务教育投入保障机制和职责明确、政令畅通、人财事相统一协调的运作机制的建立，通过重点指导、分步推进，典型示范，不断深化改革，逐步完善农村义务教育管理体制。为全面推进义务教育政府办的投入保障机制的建立，我省目前正在青阳、金寨两县试点，并取得阶段性经验。义务教育开始由多渠道投入向以政府投入为主转变，由"农村教育农民办"开始向"农村教育政府办"转变。

二、加大政府财政投入，以农村中小学为重点，加强校舍建设，积极改善办学条件

（一）实施农村中小学危房改造工程

"两基"的实施，使农村中小学办学条件得到了较大程度的改善，但是，我省农村中小学校舍多为平房，且大多是 20 世纪 70 年代至 80 年代的"三结合"建房，质量较差，相当一部分校舍已自然进入危房期，加上我省江淮流域及山区自然灾害频繁，县、乡财政薄弱，教育投入严重不足，农村中小学校的建设工作一度停滞不前，导致大量危房出现，严重威胁着农村中小学师生的生命安全。在中央的大力支持下，2001 年我省启动了一期危改工程（2001 年至 2003 年），全省累计投入危改资金 23.5 亿元（其中中央和省级专款 12.6 亿元），改造危房 557 万平方米（其中改造 D 级危房 412 万平方米）。2004 年，在已完成农村中小学一期危改工程的基础上，继续推进二期危改工程。省级财政每年安排不少于 2 亿元资金（含中央下达我省的危改专项资金），用 3 年左右的时间，支持县级政府消除农村中小学现有 D 级危房。截至 2005

年年底，我省已累计投入专项资金 34.6 亿元，改造中小学危房 783.4 万平方米，其中 D 类危房 636 万平方米，新建校舍 840 万平方米。

(二)实施农村中小学寄宿制学校建设工程

2004 年，为加强农村义务教育，国家实施以农村寄宿制学校建设工程为重点内容的西部地区"两基"攻坚工程，安徽省作为为数不多的中部内陆省份，被纳入国家西部"两基"攻坚工程项目规划，获得了 2.3 亿元农村寄宿制学校工程建设项目资金(中部省份最多)。我省以岳西、阜南、利辛三个未"普九"县为重点，兼顾山区(库区)及国家扶贫开发重点县等贫困地区，新建、改扩建一批农村寄宿制学校。2004 年至 2005 年，安排中央专项资金 1 亿元，在"两基"攻坚县岳西、阜南、利辛 3 县重点建设 175 所寄宿制学校；2005 年至 2007 年，安排中央专项资金 1.3 亿元，在山区(库区)、贫困地区的 50 个县建设 242 所寄宿制学校。4 年共规划建设寄宿制学校 417 所，投入资金 23 421.9 万元(其中，中央专项资金 23 000 万元)。截至 2005 年年底，我省已完成 55 所项目学校、7.05 万平方米的土建任务；开工 128 所项目学校、12.88 万平方米的土建任务。

(三)实施农村中小学远程教育工程和中小学多媒体计算机教室建设工程，大力推进信息技术教育

1. 启动农村中小学现代远程教育工程

为适应现代信息化社会发展的要求，同时运用信息化的手段和方式，把优质的教育资源、先进的教育理念、科学的教学方法、先进的文化输送到边远的山区和贫困地区，解决我省广大农村地区教育教学资源匮乏、师资短缺等问题，缩小城乡教育差距，实现城乡优质教育资源共享，提高农村教育质量和效益，加快农村教育的发展。2004

年，我省启动农村中小学现代远程教育工程，分期分批为农村中小学配备卫星接收设备、光盘播放设备和计算机教室。目前，已完成了二期农村中小学现代远程教育工程，总投资为 21 476.1 万元，建设了 2 614 个教学光盘播放点、3 886 所卫星教学收视点、970 所计算机教室。三期工程也已启动，工程实施完成后，将共建设 4 040 个教学光盘播放点、6 486 所卫星教学收视点、1 487 所计算机教室，工程预算总投资 34 335.5 万元，覆盖全省近 49％左右的农村中小学。

2. 通过政府政策扶持，企业投资建设，学校分期还贷的办法，建设多媒体计算机教室

我省积极探索，在县以上中小学引入市场机制，采取"政府政策支持、教育和物价部门组织检查监督、企业投资建设、学校管理使用、投资成本收回后无偿移交"的办法，建设中小学多媒体计算机教室，已圆满完成四批项目建设任务，吸引企业投资达 7.73 亿元左右，装备多媒体教室 3 887 间，配备计算机 17.7 万台，生机比由 2002 年的 142∶1达到目前的30∶1。

农村远程教育工程的实施和多媒体计算机教室项目的建设，有力地推进了我省中小学现代信息技术教育，为实现城乡优质教育资源共享、改变农村教师"一支粉笔、一块黑板、一本教材"的单一教学模式奠定了良好的基础。

三、加大对贫困学生的资助力度，逐步建立贫困家庭学生资助制度，积极解决残疾儿童、进城务工就业农民子女等弱势群体的义务教育问题

为帮助农村义务教育阶段家庭贫困学生完成义务教育，从 2001 年开始，国家和省对农村贫困家庭学生逐步推进实施"两免一补"（免杂费、免费提供教科书、补助寄宿学生生活费）计划，2005 年，这项工作全面展开。2005 年开始，中央提供免费教科书专项资金，每年 1.25 亿元，向全省 135 万农村家庭贫困学生免费提供教科书；省级财政负责建立免杂费专项资金，2005 年调整支出结构，列出 1.08 亿元，首先免除了我省 20 个国家扶贫开发县义务教育阶段 76 万家庭贫困学生杂费；各市、县也筹集 7 000 多万元资金补助寄宿贫困学生的生活费；同时，根据《国务院关于深化农村义务教育经费保障机制改革的通知》精神，2006 年我省在金寨、青阳两县进行农村义务教育经费保障新机制工作试点，逐步免除所有农村义务教育阶段学生杂费。

随着农业产业结构的调整和城镇化建设步伐的加快，进城务工就业农民大量增加，其子女义务教育问题日益突出。2001 年以来，我省出台了一系列政策，在明确管理职责的基础上，积极创造条件，以建立定点学校为突破口，落实和保障进城务工就业农民工子女的义务教育的权利和同等待遇。目前，我省就学矛盾比较突出的省辖市市区已经建立了 100 多所进城务工就业农民子女义务教育定点学校，在定点学校就读的学生一律与城镇学生同等收费，不收借读费。

四、大力推进基础教育课程改革，全面实施素质教育

为适应时代发展需要，进一步推进素质教育，改变课程过于注重知识传授的倾向、课程结构过于强调学科本位以及课程内容"难、繁、偏、旧"等现状，经国务院批准，教育部从 2001 年开始，在全国全面启动新一轮基础教育课程改革，调整和改革基础教育的课程体系、结构、内容，构建符合素质教育要求的新的基础教育课程体系。课程改革首先在义务教育阶段进行实验，这是新中国成立以来的第八次课程改革，也是历次课程改革中规模最大、涉及面最广、改革内容最全面的一次。在这个大背景下，2002 年秋，我省在国家级课程改革实验区

先行实验的基础上，建立了 33 个首批课改实验区，2004 年秋，我省基础教育课程改革进入全面推广阶段，全省所有义务教育阶段起始年级全部进入新课程实验。目前全省已经有 70％以上义务教育阶段中小学生进入新课程。2006 年秋季开始，根据教育部要求，我省普通高中起始年级也全面实施新课程实验。

在新课程实验过程中，我们以教师培训为推进课程改革之重点，坚持"先培训、后上岗，不培训、不上岗"的原则，开展了大规模的新课程培训。建立了由高校、教研部门、教育行政管理人员等组成的本地专家队伍和由各级、各部门、各学校共同参与、分工协作、形成合力的培训网络。通过培训，为各实验区培养了一批课改骨干力量，并积极建立以校为本的培训制度和教研制度，积极倡导教师形成在教学中反思、在反思中研究、在研究中学习提高的新兴风气，形成培训和教研的长效机制，使新课程实验做到培训、教研、教改相结合，切实提高了广大教师实施新课程的能力，这已经成为我省在新一轮基础教育课程改革工作中富有特色的经验。同时，结合首批初中课改年级学生毕业升学，以中考和普通高中招生制度改革为突破口，积极推进课程改革的深入实施。通过改革初中毕业学业考试制度，在全省中小学全面开展综合素质评价工作以及积极探索和改革普通高中多元化招生录取招生制度等，逐步构建既能发现和发展学生多方面潜能，促进学生德、智、体、美全面发展考试评价体系。

经过 3 年多的实验和探索，我省基础教育课程改革取得了阶段性成果。一是一个以"为了每一个学生发展"的新的教育理念正在得到大力推崇，教师的教学方式、学生的学习方式正在发生变革，重视学生创新精神与实践能力的教学行为正在逐步得到重视，教学方式更加灵活多样，师生之间共同学习、平等交流的民主关系正在逐步形成。二是改革使教师对参加培训和教研活动感到前所未有的压力和动力，多形式、多层次的培训教研活动有计划并且广泛地开展，一个有利于教师成长的教研、培训活动正在得到广泛开展，重研讨、重实践、重反思、重互助的新型教研风气正在形成。三是一个旨在促进学生全面发展的考试评价制度开始建立。考试内容和形式开始发生变化，在重视终结性评价的同时，更加重视过程性评价，重视学生情感态度价值观的变化。四是通过改革，一个促进教材质量不断提高的教材多样化格局初步形成，教材立项、审查、选用制度逐步建立，促进了公平竞争机制的形成，教材的质量明显提高。五是全社会支持、关注课程改革的良好氛围正在形成。各级政府和教育行政部门领导高度重视课程改革。实验区通过各种途径和方式宣传课程改革，社区、家长共同参与新课程建设的新机制也在实验区有了良好的探索，课程改革得到了媒体和社会公众的热情关注。

五、加强薄弱学校建设，进一步规范中小学校办学行为，促进中小学校均衡发展

由于经济社会发展水平和促进义务教育均衡发展的措施力度不平衡等众多原因，我省城乡之间、地区之间、学校之间教育发展水平还存在明显的差距，上学难、上学贵的现象在一些地方还十分突出，特别是在一些城市地区，择校之风愈演愈烈，以及由此引发的高收费、大班额等一系列问题，成为社会和家长对教育最不满意的内容，也成为当前党和政府高度关注的问题。

近年来，为解决城乡间、区域内的教育不均衡问题，我省采取了一系列措施。

(一)加强薄弱学校建设

在实施的义教工程、农村中小学危房改造、农村寄宿制学校建设、农村现代远程教育工程，重点加强农村薄弱学校建设的基础上，2005年，省教育厅启动薄弱学校建设工作，印发了《关于进一步加强薄弱学校建设的意见》，就强化政府行为，以县为主加强薄弱学校建设工作进行了全面部署，并调整教育支出结构，调剂出 1 500 万元资金，首先帮助和指导各市、县重点改造 500 所薄弱学校，为重点指导改造的薄弱学校配备一些最基本的教学仪器、体育器材和图书。2006 年又在省财政的支持下，筹集 3 000 万元，重点帮助和支持全省 500 所农村初中建理、化、生实验室。

(二)积极推进中小学招生制度改革，规范办学行为，逐步均衡区域内中小学校生源分布

通过全面取消小学升初中考试，人力治理少数初中学校考试招生行为，积极推进和完善示范高中招生指标按照毕业生数和办学水平等因素分配到各初中学校的制度，逐步引导生源分流，缓解盲目择校行为。这项工作我省已经坚持了多年，2005 年，我省示范高中招生指标到校的比例已经达到 60%，一些地处偏远或相对薄弱学校开始有更多的学生能够升入示范高中。同时，根据《中华人民共和国民办教育促进法》和《中华人民共和国义务教育法》以及国家有关文件精神，我省2004 年已经叫停公办学校改制行为。近期，省教育厅又专门印发了《关于坚决清理纠正义务教育阶段办学体制改革试验工作的通知》，对已经改制的学校按有关法律和国家文件精神进行全面清理、整顿和规范。并对一些择校矛盾突出的城市地区，重点治理。2006 年，我省加大力度，在普通高中招收择校生继续严格执行国家"三限"政策基础上，

坚决取消同城范围内的"借读"等变相扩大择校范围的不规范行为。芜湖市委市政府出台《芜湖市关于促进中小学教育均衡发展的意见》，并痛下决心，从 2006 年开始，停止三所改制初中学校招生，从根本上解决芜湖市城区的越来越突出的择校矛盾。合肥和芜湖的做法在社会上引起了极大的反响和震动，受到了绝大多数群众的欢迎。也为我省各地全面治理择校行为、推进区域内义务教育的均衡发展工作正式拉开序幕。

2006 年 7 月，省政府印发《关于进一步推进义务教育均衡发展的意见》，首次以政府的名义对推进义务教育均衡发展进行了全面的要求和部署，进一步强化了提高义务教育发展水平、推进义务教育均衡发展在新时期的重要意义和政府职责意识。

六、加强教师队伍建设，不断提高中小学教师队伍整体素质

加强农村中小学教师队伍建设，是安徽省"十五"期间中小学教师队伍建设的重点之一。我省以提高教师队伍整体素质为中心，以改善农村教师队伍状况和加强骨干教师选拔培养为重点，注重效益，深化改革，优化管理，取得显著的成绩。

一是通过特级教师和"教坛新星"以及市级学科带头人和骨干教师的评选，初步形成建立了一支以特级教师、中青年学科带头人和"教坛新星"为主体的中小学骨干教师梯队。二是不断推进中小学人事制度改革，全面实施中小学教师资格制度。全省有 43.4 万名中小学在职教师通过过渡和认定取得教师资格，5.1 万名社会人员通过认定取得教师资格。三是进一步加强中小学教职工编制核定工作，教职工编制核定到县工作已经完成，以中小学教师聘任制为重点的中小学人事制度改革，取得了阶段性的成效，全省中小学有 20.15 万名教职工实行了聘

用合同制。四是进一步加强中小学校长培训工作。"十五"以来全省各级各类干训达到 2 万人次，总体培训率达到 95.86%。通过培训，我省中小学校长的教育思想和教育理念得到更新，政治业务素质和管理水平有了进一步提高。五是进一步实施城乡对口支教工作。2001 年以来，省政府及有关职能部门出台了一系列政策，支持和鼓励城乡学校教师交流，开展对口支教工作，据统计，近三年全省安排到薄弱学校对口支教教师 3875 人，薄弱学校新进教师 6711 人，培训教师 11.4 万人次。六是加强中小学教师职称评定工作，积极改善中小学教师队伍结构。2005 年年底与"九五"末比较，普通高中、初中专任教师中具有高级职务的比例，分别由 21.1%、3.8%提高到 23.3%、6.9%；小学专任教师中具有小学高级及以上职务的比例由 26.5%提高到 44.38%。具备中高级职务的教师中，中青年教师比例有较大幅度的提高，已成为教育教学的骨干力量。

七、建立、健全义务教育督导评估制度，保障义务教育改革与发展的政策措施得到切实落实

为保障义务教育水平得到不断巩固提高，我省制定了《安徽省"两基"巩固提高工作复查考核和完善农村义务教育管理体制度到评估办法》，以新时期农村义务教育工作重点为主要内容，对已经实现"两基"的县(市、区)建立定期复查制度。2003 年开始，每年重点抽查 10～15 个县(市、区)。根据国务院办公厅转发的《关于建立对县级人民政府教育工作进行督导评估制度的意见通知》精神，我省省委组织部、省政府教育督导团、省教育厅联合印发了《关于建立县(市、区)党政领导干部教育工作督导考核制度的通知》，将县(市、区)党政主要负责同志和分管教育工作的书记、县长在工作中是否切实保障义务教育"以县为主"统筹管理制度的建立，作为对县级党政领导干部教育工作职责三个一

票否决之一。这项监督措施在全省引起很大反响，各县(市、区)都以积极态度认真对照标准进行自查。在 2005 年试点工作基础上，2006年，省委组织部、省教育厅共同组织了 19 个督查组，对全省 85 个县(市、区)"完善教育管理体制"和"教育经费投与管理"两个方面的内容进行了重点考核，取得了明显成效。通过督查，不仅促进了"以县为主"的农村义务教育管理体制进一步完善，保障了义务教育投入的切实到位，更重要的是在全社会营造了教育优先发展的氛围，提高了县(区)党政领导和有关部门的认识，有利于党政领导干部树立科学的发展观和正确的政绩观，提高了县(区)党政领导干部依法保障教育投入的责任意识。

八、普通高中教育的规模和优质资源迅速扩大

(一)高中阶段教育事业规模有了较快的发展

2004 年，全省共有普通高中 758 所，当年招生 40.27 万人；比1998 年的 15.25 万人增加 25.02 万人，平均每年增 4.17 万人。普通高中在校生 105.02 万人，比 1998 年的 40.09 万人增加 64.93 万人，平均每年增加 10.82 万人；每校学生数平均达 1385 人，比 1998 年校均学生数 631 人增加 754 人，大大提高了办学效益。2004 年初中毕业生升入高中阶段的比重达到 55.64％，比 1998 年的 29.32％提高了 26.32个百分点，平均每年提高 4.38 个百分点。高中阶段毛入学率 2004 年提高到 41.78％。

(二)高中阶段优质教育资源获得较大扩张

到 2004 年年底，全省已建成省级示范高中 106 所；建成市级示范

高中 130 多所，省、市两级示范高中数占全省普通高中总校数的 30%左右，省、市示范高中在校生数 40 余万人，约占全省普通高中在校生总数的 49%。在一定程度上满足了广大群众选择优质高中教育的需要。

(三)高中阶段课程和考试评价改革取得阶段性成果

"十五"期间，我省普通高中进行了课程改革实验，研究性学习课程作为必修课纳入新课程方案，学生科学精神和实践能力的培养有了课程载体。在实施新课程方案的同时，还对高考科目设置和普通高中毕业会考进行了积极稳妥的改革，全省高考从 2000 年起实行"3＋文综/理综"的科目设置方案，既体现了改革精神，也有利于平稳过渡。

(四)普通高中教育管理得到进一步规范

为切实加强示范高中管理，规范其办学行为，充分发挥示范高中的示范、辐射、引领作用，制定了《关于进一步加强安徽省示范性普通高级中学管理工作的若干意见》，并及时召开全省示范高中建设与发展工作会议，从规范办学和招生行为、教育教学管理、学籍管理、教师队伍管理、制止乱收费、责任追究及考核评优等方面，对示范高中的发展提出了具体规定和要求。高中"择校"严格执行"限分数、限人数、限钱数"的"三限"政策规定。

九、当前存在的主要困难

(一)义务教育经费仍然严重短缺

生均教育经费、生均公用经费、生均校舍面积均处于全国倒数位次，与发达地区的差距进一步扩大。（2004 年，我省生均预算内教育事业费小学在全国居倒数第 5 位，初中倒数第 3 位；生均预算内公用经费小学倒数第 4 位，初中倒数第 1 位。2004 年小学生均校舍 3.9 平方米，比西部地区平均数低 0.8 平方米，比中部地区平均数低 1.2 平方米，比东部地区平均数低 1.7 平方米）。2007 年，全省将全面免除农村义务教育阶段学生杂费，省财政将承担 20 亿元的杂费支出，压力很大。且免杂费后的补助资金尚不能弥补原收费资金，学校办学资金不足问题也进一步凸显。目前中央对各省公用经费补助标准按现行标准执行，从试点县情况看，虽然我省杂费标准不低，但因公用经费拨款标准较低（小学 10 元/年，初中 15 元/年），使得公用经费总额达不到全国平均水平，因此，中央对我省试点县免杂费补助标准低于我省现行"一费制"收费标准，给学校正常运转带来困难。（中央每生每学年补助标准为：县镇小学 203 元，农村小学 173 元，县镇初中 263 元，农村初中 233 元；我省现行"一费制"每生每学年标准为：县镇小学 1～3 年级 212 元、4～6 年级 256 元，农村小学 1～3 年级 162 元、4～6 年级 206 元，县镇初中 330 元，农村初中 276 元。按此计算，安徽金寨和青阳两县一年缺口就达 294 万元）。同时，财政拨款滞后也给学校正常运转带来了很大压力，目前都是靠试点县预拨资金实施保障机制，全省推开后可能会出现因资金不能及时到位而导致学校办学间隙性困难。

（二）中小学教师数量不足，北方地区财力有限，有编难补

在我省北方地区部分县，教师"有编难补"的现象普遍，教师短缺严重，缺额最多的达到应配备教师的 1/3 左右。皖北地区农村初中平均班额都在 75～82 人之间，有的班学生数逾百。由于农村中小学教师

短缺，为维持正常的教育教学需要，一些学校不得不临时聘请代课教师。近几年，安徽省中小学代课教师数量呈上升趋势，2002年、2003年、2004年、2005年分别为17 840人、20 469人、20 627人和22 959人。这些代课教师主要分布在农村，其工资大多数由学校自筹。

(三)中小学普遍缺少教学仪器设备，县际差距较大

我省义务教育阶段在现有生均仪器设备值、生均尚需仪器设备值、普及实验教学按校总普及率、教学仪器达标学校总达标率等方面与全国平均水平都有较大的差距，如果与发达地区比较，差距则更大。即使按现有的全国平均水平测算，尚需仪器设备金额达22.6亿之多，其中小学缺少仪器价值约12.8亿元，初中缺少仪器价值约9.8亿元。

教育督导的历史回顾、现实思考与当前任务

一、教育督导是什么

"教育督导是国家的一项基本教育制度，是政府对教育实行监督和指导的一种重要职能，也是构成现代教育管理体系的决策、执行、监督过程中一个不可或缺的组成部分。"

教育督导有其特有的目的、主体、对象、依据、方式和过程，发挥着监督、检查、评估、指导的职能作用，具有行政性、法定性、专业性等显著特点。

教育督导的通俗表达是：县级以上人民政府授权所属的教育督导机构和督学，代表本级政府对同级政府相关部门、下一级政府及其相关部门履行教育工作职责情况和中等以下学校办学情况，依据国家有关教育方针政策和法律、法规，按照督导的原则和要求，进行监督、检查、评估和指导，并向本级人民政府和上一级教育督导部门报告督导评估结果、提出建议，为政府的教育决策和干部政绩考核提供可靠依据。

教育督导的学术含义是：教育督导是对教育活动满足社会和个体需要的程度作出判断的活动，是对教育活动现实的(已经取得的)或潜在的(还未取得，但有可能取得)的价值判断，以期达到教育价值增值的过程。或者说，教育督导是建立在教育测量基础上的一门以量化为

主要特点的现代教育科学。

从一定意义上讲，教育督导制度的建立和推行，是衡量一个地方乃至一个国家教育管理水平高低的重要标准；是促进教育法律、法规和方针政策贯彻实施的重要手段；是加快教育现代化进程，保障教育目标实现的有效机制；是转变政府职能，改进和加强教育宏观管理的必然要求。

从本质上讲，教育督导属于行政监督的范畴。它既不同于人大的法律监督、政协的民主监督，也不同于新闻媒体的舆论监督和人民群众的社会监督。依法开展的教育督导活动是行政执法监督的行为。

教育督导制度作为我国的一项基本教育制度，在教育法规中有明确的表述。《中华人民共和国教育法》第 24 条规定："国家实行教育督导制度和学校及其他教育机构教育评估制度"。《中华人民共和国职业教育法》第 11 条规定："县级以上人民政府应当加强对本行政区域内职业教育工作的领导、统筹协调和督导评估。"这些规定为教育督导活动开展提供了法律依据。

在现阶段，县级以上政府教育督导机构对同级政府相关部门和下一级政府及其相关部门履行教育职责的情况和中等以下学校办学情况行使监督、检查、评估和指导四项行政监督职能。也可简要地表述为：教育督导承担着"督政"与"督学"任务。

近现代教育督导制度发轫于西方国家。其中英国的教育督导历史已达 160 年之久，美国的教育督学制度也十分发达。我国教育督导制度的建立最早可追溯到西周时期，周文王每年春秋两度去学校"视学"，这是有文字记录的我国最早的教育督导活动，距今已有 3000 多年的历史；隋朝设立的"国子监"是中国也是世界上最早的独立的教育行政和监督机关；宋朝首次在地方设置的"提举学事司"既是地方教育行政机关，又是地方教育监督机关。

现代意义上的视学机构和教育督导制度始于清末民初，并伴随现代学校制度的建立而逐步完善。雍正四年（1726 年）废除负责督学的"提学御史"和"提学道"建制，改称"钦命提督学政"，简称"学政"。全国配备的 20 名"学政"享受钦差大臣的待遇，与各省最高行政长官总督、巡抚平级，主要是负责监督、弹劾各类考试中的舞弊行为。1905 年，清朝政府设置了"学部"，学部内设"视学官"。此后，省及部分州县也设置了专职"视学官"。1909 年，清朝政府颁布了中国近代关于教育督导的第一个专门性文件——《视学官章程》，这个章程共 33 条，对视学区域、视学资格、视学权限、视学职任、视学经费等都作出明确规定，这个章程的颁布，标志着我国近代视学制度的形成。

辛亥革命后，民国政府沿用了清末的视学制度。1913 年，民国政府教育部颁布了《视学规程》，对中央一级教育督导机构的设置、职能、任务等作了规定。1914 年，教育部颁布《教育部官制》，其中规定，教育部设视学 16 人，分片主管全国各省的学务视学事项。1931 年，教育部公布《教育部督学规程》和省市督学规程，明确了督学视察及指导事项、督学的权力等内容。1943 年，教育部恢复督学室，正式启用"督学"这一职务名称。在国民党统治时期，虽然战争连绵不断，视学制度推行困难重重，但那个时候还是有"督学"和相应的督学制度。

在中国共产党领导下的革命老区、苏区和抗日革命根据地，视学制度得到了延续。新中国成立后，教育部设立视导司，各省教育厅设立视导员。1955 年教育部发出《关于加强视导的通知》，强调教育视导工作是教育行政工作的一部分。到了 50 年代后期，受政治运动的冲击，教育督导工作逐渐被削弱，直至"文化大革命"爆发，导致教育督导工作全面停滞。

1977 年 9 月，邓小平在关于《教育战线的拨乱反正》的谈话中，明确提出："要健全教育部的机构，要找一批四十岁左右的人，天天到学校里跑，搞四十人，至少搞二十个人专门下去跑。要像下连队当兵一样，下去当'学生'，到班里听课，了解情况，监督计划、政策等的执行，然后回来报告。这样才能使情况反映得准，问题解决得块。"我们通常把邓小平的这段讲话作为教育督导制度在 20 世纪 80 年代初开始恢复的标志。改革开放以来，在各级政府和教育行政部门的领导下，教育督导制度得以恢复、重建和逐步完善。

　　简要回顾我国教育督导的历程，我们深切感觉到，新时期教育督导制度的恢复、重建和完善，是我国教育管理领域的一场深刻变革，是历史辩证的否定之否定，是我国现代教育管理体制和运行机制的一个历史性进步。

二、教育督导为什么

　　教育的改革发展需要决策的正确、执行的有力，同时需要督导以保障。新中国成立 60 年来特别是改革开放 30 多年来，坚持不懈的教育督导理论探索和实践创新，基本形成了中央、省、市、县四级教育督导网络；建立了一支专兼结合的督学队伍；逐步形成了与教育改革发展相适应的督政与督学相结合以"督政"为主的工作格局；形成了与教育改革发展相匹配的常规督导与专项督导、终结性督导与形成（过程）性督导、监督和指导相互结合的工作机制。走出了一条具有中国特色且行之有效的教育督导的路子。

　　教育督导保障和大力促进了教育的改革和发展。多年来，我省教育督导工作认真贯彻党和国家的教育方针政策、法律、法规，按照省委、省政府的部署，开展了一系列督导评估考核并取得历史性成就。

1986年《义务教育法》颁布实施后，我省各级督行导机构积极开展"两基"达标评估验收，2006年我省实现历史性的"两基"目标；2005年起，由省委组织部牵头，省政府教育督导团、省教育厅共同开展对县（市、区）党政领导干部年度教育工作督导考核和两年一次的教育强县评估，取得了明显成效。一是大大强化了县级党委、政府尤其是主要领导依法履行教育职责意识和工作主动性；二是有力促进了"以县为主"农村义务教育管理体制和义务教育经费保障体制的改革，尤其是促进了县级财政对教育的依法投入，实现教育投入的法定增长；三是极大改善了义务教育学校的办学条件；四是建立了教师补充的长效机制，促进教师资源的均衡配置。自2009年起，我省开展对各市教育局年度主要工作目标考核。促进各市年度主要工作目标的完成。目前，各级党委和政府及其教育行政部门在制定教育政策时把教育督导的意见和建议作为重要参考、在实施教育管理时把教育督导的评估和考核作为重要手段、在检查教育工作时充分发挥督学队伍的作用、在评价地方政府和学校工作绩效时把教育督导的结果作为重要依据的风气正在形成。

目前，我省正积极推进县（市、区）对乡（镇）的党、政领导干部年度教育考核，同时努力争取开展省对各省辖市党政领导干部年度教育目标考核，拟构建省对省辖市、省对县（市、区）和县（市、区）对乡（镇）教育的系统考核，从而形成三级政府履行教育职责督导考核的体系。

未来十年到二十年，是我省经济和社会发展的重要转型期，教育面临的环境将发生重大变化，教育改革和发展的任务将更加艰巨，监督、保障责任也更加重大，教育督导将历史地肩负起重要的使命。在教育改革与发展中，教育督导要自觉地通过科学评估，及时发现、分析新情况、新问题，为政府科学决策提供客观依据，进而为政府决策的贯彻实施进行有效监督。当前乃至今后一个时期，要按照建立、健全"决策、执行、监督相协调"的行政管理体系的要求，以保障教育改革与发展为中心，以理顺督导体制和创新工作机制为重点，以建立一支专业化的督学队伍为关键，以完善督导法律法规为基础，坚持督政与督学并重、监督和指导并重，统筹规划、分步推进，推动教育督导工作再上新台阶。

三、教育督导做什么

在新时期，要以科学发展观为指引，完善教育督导服务体系，科学开展督导工作。

(一)要明确教育督导工作的新思路

要坚持各类教育健康发展尤其是义务教育的均衡发展；要关注教育质量尤其是每·个学生的全面发展，努力办人民满意的教育；要把工作的着眼点、着力点，与人民群众关心的热点、社会关注的焦点、政府重视的重点密切联系起来，以形成自己的工作思路和重点；要按照即将颁布的《国家教育督导条例》和省人大常委会修订的安徽省实施《义务教育法》办法依法督导，开创我省教育督导的新局面。

(二)完善教育督导机制，改进督导考核的方式方法

党的十七大报告明确提出："要抓紧制定行政管理体制改革总体方案，着力转变职能、理顺关系、优化结构、提高效能，形成权责一致、分工合理、决策科学、执行顺畅、监督有力的行政管理体制。健全政府职责体系，完善公共服务体系。""要建立、健全决策权、执行权、监督权既相互制约又相互协调的权力结构和运行机制。"政府教育督导机

构是由人大或者政府经过法律法规授权，行使教育执法监督权力的机构。教育督导机构与教育行政部门在工作上有着相互协调、相互衔接的关系，两者既要各司其职，各负其责，又要相互配合，密切协作。

要理顺综合督导与专项督导、定期督导与随访督导的关系。坚持教育督导"统筹安排、分类实施、突出重点、推动全面"的原则。对于政府教育工作、学校工作的经常性督导，对于群众关心的热点、难点和社会关注的焦点问题，以及政府关切的中心工作，可以进行综合督导；对于个别地方的个别问题实行个案处理，可以进行专项督导，使整个督导工作按计划推进，做到有的放矢，有序高效。

要抓紧制定科学的督导评估标准体系。进一步修订完善考评指标体系，在对党委、政府的教育工作的督导考核中，坚持督政与督学并重。要建立教育发展水平与质量监测体系，为党委、政府制定和调整教育政策，提供更加及时、科学、准确的情况分析和数据支撑。

(三)进一步加强督导机构和督导队伍建设

教育督导的政策性、专业性很强，必须建立与之相适应的机构和队伍。在机构建设上我省现实情况是省、市、县三级教育督导机构都设在相应的教育行政部门。省、市政府教育督导机构名称一般叫做政府教育督导团，下设办公室。负责对外处理政府督导团的事务，对内是同级教育行政部门的一个内设处(科)室，可谓"一身二任"。在县(市、区)通称政府教育督导室。目前，合肥、宣城、铜陵、阜阳、蚌埠、淮南、马鞍山、池州、亳州、淮北 10 市为市政府教育督导团(督导室)配备了总督学或督导办主任，其中芜湖市政府建立了高层次、高素质的督学队伍，为督导活动开展提供了强有力的组织和人员力量保障。相当一部分县市区也配备了总督学或督导办主任。一改过去把督导机构、督学岗位作为安排人员、解决干部待遇的做法，督导干部逐步年轻化、专业化。充分显示了市县党委、政府对教育督导机构建设的重视，对督导工作的支持。

　　督学是经授权代表政府和教育行政部门行使教育督导职权的公务人员，督学工作对一个地方的教育改革与发展关系甚大。在督学队伍建设上，要做到以下几点：一要严格按照督学任职资格条件；二要建立督学培训制度，不断提高督学的理论、政策和业务水平；三要制定督学管理办法，规范督学的行为，提高督学自律能力。县级以上人民政府要依法切实加强教育督导机构和督学队伍的建设，充分发挥教育督导的职能作用。市、县（市、区）教育行政部门面向中小学校的各类检查、评估和验收，原则上逐步纳入对学校的综合性督导评估之中，由教育督导机构统一组织和协调，避免出现多头、重复、过多、过滥的检查、评估和验收，以切实减轻学校和基层单位负担，让校长真正做到心无旁骛、潜心办学。

推动我省义务教育的巨臂

——县(市、区)党政领导干部教育督导考核制度

经省委、省政府同意,安徽省委组织部、省人民政府教育督导团、省教育厅于 2004 年在全省建立了对县(市、区)党政领导干部教育工作督导考核制度。考核工作自 2005 年实施已连续开展 6 年。考核将党政领导干部教育考核与干部制度建设相结合,有力促进了县级党委、政府依法履行教育职责,营造了全社会重视教育、支持教育的良好氛围,在推进全省基础教育改革和发展方面取得显著成效,把党和国家教育优先发展战略落在实处。

一、基本做法和成效

第一,以党政主要领导为考核对象,把教育摆上优先发展的战略地位。县(市、区)党政领导干部教育工作督导考核由党委组织部门牵头,督导、教育部门具体组织实施;督导考核对象为县级党委、政府及其主要领导和分管领导;督导考核结果列入县级党委、政府及其主要领导和分管领导政绩考核的重要内容,组织部门作为干部提拔任用的依据之一。2008 年,我省又在县(市、区)党政领导干部教育工作督导考核的基础上,启动"安徽省教育强县(市、区)"创建工作,树立一批区域性的教育改革发展的典型方面起到引领和示范作用。

第二,以县为考核单位,有效推进教育的改革和发展。在我国实

施"以县为主"的农村义务教育管理体制大背景下，教育投入、中小学布局调整、师资队伍建设、教育均衡推进、义务教育经费保障机制改革等都是以县为单位组织实施。县一级党委、政府既是组织者，又是实施者，以县（市、区）为单位开展党政领导干部的教育考核针对性强，立竿见影，落在实处。

第三，突出考核重点，有效解决影响教育改革发展的突出问题。督导考核紧扣教育的中心工作，着力推动教育重难点问题的解决。2005年将完善农村义务教育管理体制、教育经费投入与管理作为考核的重点；2006年将县级政府教育经费投入与管理情况作为考核重点；2007年突出对义务教育经费保障机制改革和师资队伍建设的考核；2008年将党委、政府整体规划教育事业发展内容纳入考核指标；2009年将大力发展职业教育、推进义务教育均衡发展作为考核重点；2010年将实施教育民生工程列为考核重点；2011年进一步突出对教师队伍建设的考核。

第四，坚持公开、公正、公平原则，维护教育考核权威。督导考核实行县自评、市复查、省抽查三级考核。考核结果分优秀、良好、合格、不合格4个等次，全省105个县（市、区）及其党政主要负责人、分管负责人的考核结果经公示后以文件形式上报省委、省政府，通报各市、县党委和政府；通过安徽教育网向社会公布。获得优秀等次的县（市、区），在项目立项、专项拨款、表彰奖励等方面可得到省、市的优先安排；评为不合格等次的，由所在市委、市政府责令其限期整改并在全省通报批评，其党委、政府主要领导和分管领导本年度考核不能评优，也不得被推荐表彰为先进个人，原则上不能提拔使用。

县市区党政领导干部考核成效显著。一是强化了县级党委、政府尤其是主要领导干部依法履行教育职责的责任意识和工作主动性，变

"要我做"为"我要做";而教育强县评选激发了县级党委、政府在教育改革发展上争先创优意识。二是有力地促进了各类教育的发展,促进了"以县为主"义务教育管理体制和农村义务教育经费保障体制的改革。三是促进了县级财政对教育的依法投入,据不完全统计,2005年度至2008年度全省累计补拨教育经费7.38亿元。中国教育报曾以"安徽教育督政4年'督'出7.38亿元"为题予以报道。2005年度至2009年度,全省5年累计补拨教育经费12.34亿元,教育投入法定增长的县级单位数量逐年上升。四是建立了新教师补充的长效机制,促进教师资源的均衡配置。据不完全统计,2007年度至2009年度,全省中小学3年累计补充了35789名新教师,大部分新补充的教师到农村中小学任教。五是推动了中等职业教育的发展,对中等职业教育重视程度明显提高、投入明显加大,2005年,城市教育费附加用于职业教育的比例达到30%的县(市、区)仅占有职业教育管理职能的县(市、区)总数的6.41%,2009年上升到93.5%。

二、《纲要》提出新目标

2011年2月17日,省委、省政府印发《安徽省中长期教育改革和发展规划纲要(2010—2020年)》(以下简称《教育规划纲要》),明确了教育改革发展的指导思想、工作方针、战略目标、战略主题、重点任务和重要举措。同时对教育督导工作提出明确要求,要"建立、健全工作责任制,实行目标管理,严格督察考核,切实把《教育规划纲要》提出的各项任务落到实处"。"要完善督导考核体系,修订考核评价办法,引导和推动市、县(市、区)政府切实落实保障教育优先发展的责任。拓展督导考核范围,把市、县(市、区)和乡镇党委政府的主要领导和分管领导履行教育职责纳入考核内容,重点督查、考核各级政府教育经费投入、学校规划建设、师资队伍建设、城乡教育均衡发展的情况。强化督导考核结果的运用，把考核结果作为组织、人事部门任用干部的重要依据"。在此之前，我省申报的《建立和完善符合科学发展观的市、县政府履行教育职责评价办法》已列为国家教育体制改革试点项目，要求我省以试点作为改革的突破口，创建督导新机制，开创教育督导工作的新局面。按照国家和省委、省政府的部署和要求，我们经过认真研究，初步明确了推进教育督导改革试点工作的指导思想和总体目标，确定了工作实施的基本原则、保障措施、改革的路线图和时间表，通过改革，建立教育督导的新机制，以适应新时期教育改革和发展的需要。

三、新形势下新思考

随着各级党委、政府、教育部门乃至社会各界深入贯彻落实全国全省教育工作会议精神和实施教育规划纲要，教育督导将承担更为重要的任务。教育督导改革的总体目标是：基本形成符合科学发展观的省对市、县，市对县，县对乡(镇)的三级督政督学考核指标体系与网络；将符合法规、与时俱进、具有安徽特色的市、县、乡(镇)三级政府履行教育职责的督导考核工作，全面纳入科学化、规范化、常态化和法制化的轨道。

具体而言，我们将从以下三个方面开展试点工作。

(一)完善教育督导考核机制和制度

对县(市、区)党政领导教育专项的考核我省已坚持数年，成效显著。从教育督导考核的系统性而言，当前关键是将考核向市和乡镇两头延伸。考核向乡镇延伸，这一点十分重要，因为农村教育相对薄弱，开展对乡镇党政领导教育督导考核将会强化农村教育，完善以县为主的义务教育保障机制。对乡镇党政领导干部的教育督导考核我们已经试点且有成功经验，接下来是总结、推广和普及的问题；向上，即开展市级政府教育督导考核是一个新课题，市级教育自身对考核要求十分迫切，我们将积极向省委、省政府争取政策支持，争取将对市级政府的教育专项考核结果按照一定的权重纳入省政府对市政府目标管理考核的总分之中。我们将在认真总结对县级党委、政府开展教育督导考核经验的基础上，完善督导考核体系；研究拟定《安徽省教育督导工作暂行规定》和《市、县政府履行教育职责督导考核工作规程》等规范性文件，进一步完善考核评价办法；建立并实行督导考核的经费倒查制度、问责和奖励制度等一系列工作制度；从制度层面落实县级以上人民政府教育督导机构对教育工作中重大问题的督查权和督查之后问责、处理的建议权。

（二）加强督导机构和督学队伍的建设

省《教育规划纲要》明确提出，要"切实加强县级以上人民政府教育督导机构和督学队伍建设。"我们将按照这一要求，依据有关政策法规，借鉴兄弟省市的做法，积极争取有关职能部门统一规范市、县人民政府教育督导机构名称，明确其职能和人员编制，指导和督促市、县两级政府建立和完善教育督导机构；建立和推行督学资格准入制度，规范专兼职督学的资格条件、聘任程序和管理办法，逐步建立起一支由政府相关部门、有关院校和社会各界优秀人才组成的高素质的专兼职督学队伍；全方位、多层次开展督学业务能力培训，提升督学队伍的工作能力和水平，推动督导工作专业化发展。

(三)进一步强化督导考核结果的运用

我省《教育规划纲要》明确提出，"把教育事业科学发展作为各级党委和政府政绩考核的重要内容，完善考核机制和问责制度。"根据这一精神，一方面将继续把这项考核结果与党政领导干部个人的提拔任用挂钩，作为组织、人事部门任用干部的重要依据之一，把连续两年考核均为优秀等次作为评选"安徽省教育强县"的前提条件；另一方面，我们将建立、健全奖惩制度和督导考核结果向社会公告制度，对取得优异成绩的市、县(市、区)予以表彰奖励，对考核不合格的市、县(市、区)政府以及有关负责人，实行通报批评和严格的问责。

开创中职、中小学教师队伍建设的新局面

在新的历史时期，我国教育的改革发展面临着许多新的重大变化。从教育外部来看，我国正处于全面建设小康社会的关键时期和深化改革开放、加快转变经济发展方式的攻坚时期，对教育事业发展提出了新的更高的要求。党的十七届五中全会指出，要加快教育改革和发展，推动教育事业科学发展。同时，人民群众对多样化、高质量的教育需求日趋旺盛，希望享有更高质量的教育。从教育内部来看，我国教育已进入从规模发展转向质量提升的新阶段，要求教育坚持走以促进公平和提高质量为重点的内涵式发展道路。当前，人民群众和社会发展对优质教育资源的需求同优质教育资源供给不足的矛盾是我国教育的基本矛盾。解决这个矛盾的根本出路在于建设高素质的教师队伍，发展高质量的教育。进一步加强教师队伍建设十分紧迫。

党和国家高度重视教师队伍建设，将其摆到事关教育发展和国家未来的基础性、全局性和战略性地位。在全国教育工作会议上，胡锦涛指出，要把加强教师队伍建设作为教育事业发展最重要的基础工作来抓，充分信任、紧密依靠广大教师，努力造就一支师德高尚、业务精湛、结构合理、充满活力的高素质专业化教师队伍。在中共中央政治局第二十六次集体学习时，胡锦涛强调，要着力建设高素质教师队伍，增强广大教师教书育人的责任感和使命感，加强教师职业理想和职业道德教育，提高教师综合素质和业务水平，在全社会倡导和形成

尊师重教的良好氛围。广大教师要学为人师、行为世范、教书育人，当好学生健康成长的指导者和引路人。可以说，加强教师队伍建设已成为新时期教育事业发展最重要的基础性工程。

面对全面建设小康社会和推动教育事业科学发展的新形势，面对人民群众对优质教育的新需求，面对安徽科学发展、全面转型、加速崛起、兴皖富民的新要求，我们的教师队伍还存在诸多不适应的地方，主要表现在以下几个方面：一是教师队伍的总量不足与结构性矛盾突出。从数量上看，我省的中职中小学生师比在全国是较高的，高中阶段和学前教育的师资需求缺口依然较大；从结构上看，音体美和英语教师严重不足，农村小学教师年龄老化现象明显；从分布上看，城乡之间、区域之间教师队伍发展差距较大，皖北地区教师有编难补问题依然存在，农村学校骨干教师稳定率低，教师资源配置亟待优化。二是教师队伍整体素质有待提高。教师的职业道德意识需要进一步增强，教育观念需要进一步转变，知识结构需要进一步更新，教学方法需要进一步改进；农村教师队伍依然薄弱，中职"双师型"教师比例偏低，特级教师、市级学科带头人规模不大，在省内外有影响的名师更是匮乏。三是教育人事制度改革与教师队伍管理需要跟进。教育人事制度改革进入攻坚阶段，人员能进能出、职务能上能下、待遇能高能低的用人与分配机制还没有完全建立，鼓励教师奋发向上的竞争激励机制和自我约束机制尚待进一步健全，用规范化制度和信息化手段管人还未达到。

2011年是实施"十二五"规划的开局之年，我们要认真贯彻落实全国全省教育工作会议和教育规划纲要精神，紧紧围绕基础教育、中等职业教育改革与发展大局，把握形势，认真谋划，抓住重点，创新举措，扎实工作，不断开创中职中小学教师工作新局面。

一、研究制定加强教师队伍建设的政策文件

当前，我省中职中小学教师队伍建设正处于改革发展的关键时期，既面临前所未有的严峻挑战，又面临千载难逢的发展机遇，如何顺时应势，改革创新，是我们亟须认真思考和回答的问题。要根据教育规划纲要对师资队伍建设提出的新思路、新要求，围绕未来十年特别是"十二五"期间师资队伍建设的目标任务，研究制定贯彻落实教育规划纲要的相关配套文件。省教育厅将会同省有关部门组织开展中职中小学、幼儿园教师和校长队伍专题调研，研究制定教师队伍在编制配置、培训提高、招聘录用、人事制度改革等方面的相关配套文件，争取以省政府名义出台关于加强中小学教师队伍建设的意见。各地要积极行动起来，主动争取地方政府和相关部门的支持，出台符合本地实际的教师校长队伍建设系列文件。

二、坚定不移地把师德建设放在教师队伍建设的首位

教师是学生知识增长和思想进步的导师，教师的一言一行都会对学生产生重要而持久的影响。我们要坚持把师德建设摆在教师队伍建设的首要位置，坚持把师德建设作为教师队伍建设的一项重要而紧迫的任务，常抓不懈，常抓常新。

社会道德是对社会上每个人思想和行为的规范，在维系社会的秩序和稳定方面起着十分重要的作用。在社会道德建设中师德建设尤为重要。一是教师是社会崇高道德的化身，教师道德集中体现在对学生的关爱和奉献上，教师要从道德层面、纪律层面、法律层面加强师德建设，从自律和他律的角度加强师德建设。二是教师的道德应是整个社会道德的表率，师德建设的水平决定国民素质的高度；师风建设的

成效影响社会风气的优劣；师德、医德是社会道德底线，这个底线如果突破，社会风气将不可避免地败坏。加强和改进师德师风建设是树立社会主义荣辱观、提高全社会文明程度的重大战略任务。三是教师是社会道德建设的先行者，社会要为师德建设营造良好的社会环境。

一要加强和改进师德教育，切实增强实效性。在各类师训、干训中均要把师德教育作为第一课，并通过多渠道、多层次、多形式地开展师德教育，进一步增强广大教师教书育人的责任感和使命感。二要建章立制，坚持用制度管人。2009 年省教育厅出台了中小学教师师德规范指导意见，按要求各地应配套出台相应的实施意见特别是违反师德规定的处理办法，尚未出台的市年内要出台文件。要完善师德评价办法，严格考核管理，将师德表现作为教师绩效考核、职务评聘、岗位聘用、进修深造和评优奖励等重要依据。三要全面落实学校及教育部门在师德建设上的责任，切实解决当前师德师风方面存在的突出问题。如"有偿家教"屡禁不止，"体罚或变相体罚学生"、"罢课或停课"时有发生，甚至还出现了极个别教师绑架学生、性侵害学生的恶性案件。对于这些问题，必须零容忍、出重拳，发现一起查处一起，既要严肃处理当事人，又要追究学校校长及相关责任人的责任。

三、着力加强教师队伍建设的重点领域

1. 以农村教师为重点，加强中小学教师队伍建设

继续实施农村教师"特岗计划"，做好 2009 年招聘特岗教师留任入编的准备工作；加强统筹协调，确保首届免费师范毕业生回省任教有编有岗；鼓励优秀师范生到农村学校顶岗实习，完善城镇教师支援农村教育工作制度，加大对口支援皖北地区师资工作力度，提高中小学教师队伍整体水平。

2. 以"双师型"教师为重点，加强中职教师队伍建设

依托相关高等学校，再建 3 个省级"双师型"教师培养培训基地；加快"双师型"教师培养步伐，继续组织实施"中职教师素质提升计划"；完善"双师型"教师认定制度，实行动态管理。

3. 加强幼儿园教师队伍建设

当前的任务是以核编为抓手摸清现状、理清思路、拟定政策。省将会同有关部门研究拟定幼儿园教师配备标准（师资处将作专题部署）。

4. 以名师、带头人选拔培养为重点，加强骨干教师队伍建设

围绕"教育名师培养工程"，启动实施中职中小学"江淮名师名校长"培养计划，开展中职学校专业带头人、教坛之星和优秀校长选拔工作，会同省人社、财政部门组织开展第十批特级教师评选工作。

四、不断改进和创新教师培训工作

教师是知识和智慧的化身，具有学而不厌和诲人不倦的职业品质，要树立教师常态培训意识和机制。必须进一步提高中职中小学尤其是农村教师的整体素质。要完善教师培训体系，构建大培训格局。研究制定加强中小学幼儿园教师培训工作的意见，启动实施新一轮中小学幼儿园教师全员培训。以农村教师为重点，有针对性地对中小学教师进行分类分层分岗培训。以中青年教师为重点，加快推进小学教师学历专科化、初中教师学历本科化。继续组织实施"国培计划"，大力开展省级骨干教师培训。建立和完善中职教师在岗研修与到企业实践培训并重、教育教学能力和实践动手能力并举的"双师型"教师培养培训体系，分类组织开展中职学校骨干教师、新进教师、专业转岗教师、班主任等省级培训。通过资格准入、引入竞争、管培分离、考培分离等办法，进一步提升中小学教师培训工作的专业化和实效性。省教育厅所属的中小学教师继续教育中心、中小学教师远程教育中心和中职教师培训中心不承担具体的教师培训项目，其职责主要是负责相关的教师培训业务指导和具体管理。同时市、县教育行政部门作为教育管理部门必须履行教师培训的管理的职责。

五、扎实提高教师管理科学化水平

创新教师管理制度，加强管理，提高办学效益。严格教师资格准入制度；完善教师公开招聘制度，积极会商有关部门，拟定教师招聘实行省考、县聘、校用的办法，严把教师入口关（可先行试题库制度）。深化学校人事制度改革，"双师型"教师动态认定制度。完善义务教育学校绩效工资制度（希望各地深入调研，了解问题症结，提出解决问题的思路和办法），配合有关部门积极做好高中阶段等非义务教育学校实施绩效工资工作。继续清理在编不在岗人员（实施在编不在岗人员校内公告制度）。加快教师管理信息化建设步伐。

这里我想强调一下教师队伍管理的落实问题。在教师队伍建设上要做好两个方面。一是要牢固树立尊重教师、依靠教师、服务教师的理念，坚持人才强教，人才强校，重视教师资源的投入、开发和有效利用，把广大教师的积极性、主动性和创造性保持好、调动好和发展好。二是要完善制度，尤其是落实制度。再好的制度，如果不落实或落实不到位，就是"纸上谈兵"，形同虚设，达不到规范、约束的目的。近年来我们教师队伍管理力度越来越大，出台的制度也不少，各地要加大执行的力度，要切实加强对广大教师的师德教育、法制教育和日常管理，加强对校长的监督和管理，确保学校管理和教师的教学行为规范有序。

六、进一步改善教师地位待遇

依法保证教师平均工资水平不低于或高于国家公务员的平均工资水平，并逐步提高。强化教师绩效考核，完善分配激励机制。对长期在农村基层和山区贫困地区工作的教师，在工资、职务（职称）等方面实行倾斜政策，完善津贴补贴标准。制定支持政策，将符合条件的教师住房纳入地方保障性住房建设规划，加强农村学校教师居住周转房建设。落实和完善教师医疗养老等社会保障政策。2011 年，师资处将会同厅教育宣传中心聚焦各地教师师德和教学的特色与亮点，对先进典型进行了专题报道，营造良好的社会舆论氛围。

七、切实维护教师队伍稳定

要密切关注教师队伍中的热点难点问题，切实做好免费师范生就业、特岗教师待遇落实及服务期满留任入编、教师绩效工资改革、在编不在岗人员清理、代课人员问题化解、老民师信访等工作。积极主动客观地向有关利益诉求群体解读国家和既定政策，把矛盾化解在基层；健全教师意见和建议的反映、办理和督办机制，及时认真负责地处理教师关于评优、职称等方面的来信。做好涉及教师的政策出台前和实施中的风险评估，努力将影响中职中小学教师队伍稳定的矛盾解决在萌芽状态，防患于未然。建立教师信访省、市、县三级联动工作机制，共同做好教师队伍的信访和稳定工作。

采用"3＋1"模式，夯实教师队伍基础

"3＋1"就是中小学教师新一轮核编、实施"特岗教师"计划、免费师范生制度加上中小学教师培训。

一、开展新一轮中小学核编　促进教师资源优化配置

2009 年我省开展了新一轮中小学教职工编制重新核定工作，并被列入省政府当年重点工作，新一轮核编采取对全省中小学分类核编，并向山区和农村地区倾斜等措施，有效缓解了我省中小学教师配置上存在的区域分布不均衡、学段结构不合理等突出矛盾，促进了中小学教师资源的合理配置和农村教师队伍的长远建设。经省政府审批，我省新一轮核编共核定中小学编制 52.8 万名；与上一轮比，在我省中小学在校学生数减少 106.2 万人的情况下，新增教职工编制 1.79 万人。

其主要做法有：一是实行分类核编，不搞"一刀切"；二是对农村教学点在正常核编的基础上另增 1 名编制；三是对寄宿制中小学和山区、湖区及乡镇中心小学适当增核附加编制；四是对省政府确定的重点山区县以及在采取上述倾斜政策后仍有教职工编制减少和分流任务的地区，参照县镇标准核定农村中小学教职工编制，据此调整增加的编制全部用于农村中小学；五是对特殊教育按师生比 1：4 核定编制。

我省各地结合新一轮核编，不断创新举措，促进教师在系统内合理流动，有效推进了区域内教师资源优化配置。如合肥市在市属学校

实施经费供给方式改革，自 2011 年起，市财政对市属学校实施生均综合定额的供给模式，从"花钱养人"走向"花钱养事"。马鞍山市启动实施"特聘教师计划"，在城区边远学校设立"特聘教师岗位"，在工资、职务、骨干教师选拔等方面给予政策倾斜，吸引城区优质学校骨干教师任教；淮北市对市属学校新招聘的教师实行"无校籍"管理等。

二、实施"特岗计划"，创新教师补充机制

我省自 2009 年开始实施"特岗计划"，三年来，共招聘特岗教师 10 667 名，分布在我省 21 个县区 2 000 多所农村学校。特岗教师学历起点较高、知识丰富、富有活力，改善了我省农村中小学教师队伍结构，促进了教师整体素质提升。一是省级统筹，公开招聘。笔试由省级统一命题、制卷、阅卷，面试由各设岗市统一命题，设岗县（区）组织实施，拟聘人选由设岗县（区）择优确定。二是集中培训，规范签约。特岗教师上岗前，省教育厅利用一周时间，集中进行培训，培训合格后，对非师范类毕业申请教师资格的学生免修教育学、心理学课程。各设岗县（区）教育局按照统一聘用协议文本，在培训现场，集中与特岗教师签订聘用协议，确保每年 9 月 1 日所有特岗教师到岗任教。三是重视宣传，落实政策。印制《安徽省"特岗计划"30 问》发放到每位特岗教师、每所设岗学校和设岗县（区），进行政策宣传，有效提高特岗教师到岗率及到岗后各项福利待遇的落实。2012 年，省四部门联合下发了《关于做好特岗教师服务期满留用等工作的通知》，对特岗教师服务期满留用等工作进行全面部署，确保服务期满留用特岗教师及时办理入编、工资统发等手续，保证其享受当地公办教师同等待遇。2011 年我省表彰了 100 名"优秀特岗教师"，其中颍上县夏桥中心学校优秀特岗教师胡伟作为特岗教师代表在全国会议发言，并参加了我省 2011

年优秀教师座谈会。

三、实行免费师范生制度

2011 年，我省 186 名免费师范毕业生全部落实任教岗位，2012 年我省 2012 届免费师范毕业生 336 人，目前已签约 287 人，具有签约意向 19 人，已签约和具有签约意向的达 91%。一是加强组织领导，强化省级统筹。成立"安徽省免费师范毕业生就业工作小组"，统筹指导和协调我省免费师范毕业生到中小学任教的有关工作，教育、人社、编制、财政四部门密切合作，省、市、县、校四级联动。全省统一公布岗位需求计划，统一组织专场供需双选会。在 2011 年、2012 年双选会上，毕业生与用人单位签约率都达到近 60%。二是出台实施意见，完善政策措施。及时出台《安徽省免费师范毕业生就业实施意见》、《关于完善和推进我省免费师范毕业生就业工作的意见》、《关于教育部直属师范大学免费师范毕业生跨省就业有关问题的通知》等文件。我省免费师范毕业生就业采取双向选择面向全省就业和回生源所在市、县（区）统筹安排就业两种方式。三是规范履约管理，支持专业发展。明确省、市、县三级管理职责，建立诚信档案。支持符合条件的在职攻读硕士学位，在国家级、省级培训中向其倾斜，促进专业发展。

四、大力开展中小学教师培训工作

贯彻国家和省教育规划纲要精神，落实《教育部关于大力加强中小学教师培训工作的意见》要求，认真开展国家级、省级骨干教师培训和中小学教师全员培训。

(一)精心实施"国培计划"，打造"四级"骨干梯队

"国培"项目实施以"赢在课堂"为主题，以"面向农村、突出骨干、提升能力、促进均衡"为原则，立足省市县校骨干梯队建设，着眼教师专业发展，整体规划项目，分类、分层、分岗设计实施方案；细化"影子教师"跟岗研修要求，不断完善"带课、带研、带学、带资"研修模式；坚持国培规格，强化质量管理，将项目绩效评估和专项督导相结合，取得了明显成效。2010 年和 2011 年分别培训农村义务教育学校骨干教师 64 800 名、54 000 名，2011 年培训幼儿园教师 3 150 名，3 000 多名优秀师范生到中小学、幼儿园顶岗实习。

(二)扎实开展省级培训和全员培训，提升"五好"专业能力

在组织实施"三新一德"培训，进行教学业务"大练兵"的基础上，2008 年起，中小学教师省级骨干培训和全员培训每年一个主题：备好课、上好课、评好课、命好题和育好人，逐步形成特色。一是训前开展需求调研，教师提交"问题单"。二是整合集中培训、远程培训和校本研修，不断创新和优化培训模式。三是省组织评审，推荐优质培训课程资源供各地使用。四是对培训者和校本研修指导者先期进行省级培训，提升培训能力和指导水平。五是组织年度统考和抽检，督促各地落实培训要求，保障培训效果。六是将年度培训内容纳入"国培计划"，发挥骨干示范引领作用。

(三)新一轮培训由"教"转"学"，促进学生有效学习

印发《关于安徽省"十二五"中小学教师培训工作的实施意见》，全面启动新一轮中小学教师培训工作。坚持"育人为本"，以"提高有效教

学能力，促进学生有效学习"为核心目标，重点开展"五个有效"专题培训：有效学习内容、有效学习指导、有效教学模式、有效学习评价、有效教学研究，引导教师由"教什么、怎么教"转向"学什么、怎么学"，更好地服务于学生的健康成长。采取混合学习模式，优化整合多种培训方式；创新管理机制，建立、健全教师培训学分管理制度和教师培训档案管理制度；加强培训能力建设，完善培训体系，建设"大培训"格局。

教育路上行与思

把理念硬化为机制

——谈师德师风长效机制建设

第二辑　实践与探索

教育发展，教师为本；教师素质，师德为首。为适应全面提高教育质量的需要，始终坚持把师德放在中小学教师队伍建设的首位，以提高师德素质为目标，以践行师德规范为着力点，以师德建设长效机制为保障，强化师德建设，树立师表形象，认真落实新修订的《中小学教师职业道德规范》，先后出台了《关于贯彻落实〈中小学教师职业道德规范〉的指导意见》和《"学规范，强师德，树形象"中小学师德主题教育活动指导方案》等文件，在全省五十余万中小学教师中扎实开展了师德建设活动，取得了积极成效。

一、围绕践行师德，优化师德教育

（一）开展主题教育，进行"五比五看"

全省各地各校每年开展一次师德主题教育活动，主题教育以"五比五看"为主，比爱岗敬业，看工作责任感和管理、教学的实绩；比关爱学生，看理解学生的态度和关心学生的行动；比教书育人，看教书育人的思想观念、实际水平和业绩成果；比为人师表，看文明守纪，无私奉献；比终身学习，看自学和教学研究的行为和实效。着力解决现行师德师风存在的突出问题，提高了活动的针对性和实效性。

主题教育注重学习方式的创新和实效，分为学习讨论、反思评议、总结提高三个阶段。围绕"在学习基础上反思，在反思基础上践行"，抓实八个环节：学习环节分《规范》解读、自学、讨论三步；考核环节严格过程参与体验和终结全员测试；问卷调查环节主要面向学生和家长；反思自查环节必须撰写分析检查报告；民主评议环节紧扣"五比五看"人人过关；师德承诺环节要向学校签订承诺书；整改方案制订环节要点是解决群众反映突出问题的举措；建章立制环节关键为建立、健全师德建设长效机制。

(二)培训"第一模块"，在课堂教学中践行师德

将师德建设与教师培训相结合，推动教师的师德水平与业务水平同步提高。在全省第三轮"备好课、上好课、评好课、命好题、育好人"五个专题全员培训中，每个专题的第一模块均为师德研修，注重将师德规范落实到教学的每个环节，引领教师，以学定教，服务和促进学生的有效学习。五个专题中师德培训模块分别是：备课与师德行为、教学中的师德修养、课堂教学评价与师德行为调整、学生学业评价中的师德、德育工作与师德修养、教学中的德育途径与方法等。将调整师生关系与改进课堂教学相结合，将师德养成落到教学中，贯穿到课堂教学的各个环节，在课堂教学中践行师德，确保了师德教育落到实处。

(三)发挥榜样作用，在学习先进中践行师德

坚持优秀教师、师德标兵评选与表彰制度；每年教师节期间开展师德教育宣传周活动，借助板报、电视、网络等媒体大力宣传优秀教师和师德标兵的模范事迹；定期开展优秀教师师德报告团活动和师德

论坛；充分发挥优秀教师在师德建设中的榜样示范作用，促使广大教师在学习先进中"因感动而践行"。

二、建立、健全师德建设的长效机制

明确"各级教育行政部门负责人对辖区内师德建设工作负有领导责任；校长为师德建设第一责任人"。同时，实行责任追究。坚守底线要求，从现实环境和教师实际出发，将师德理念转化为实实在在的师德行为，根据新《规范》要求尤其是人民群众反映强烈的师德问题，从爱国守法、爱岗敬业、关爱学生、教书育人、为人师表、终身学习六个方面提出 20 条禁令性要求，使践行师德有刚性要求，落在实处。

三、落实三项机制，保障践行师德

（一）强化师德责任追究机制

对师德建设工作推动不力的地区和学校，要责令其限期整改，并在一定范围内予以通报批评；对师德总体评价不合格的教师进行严肃处理；对有严重失德行为并造成恶劣影响的教师，撤销其教师资格并予以解聘，同时要追究学校领导的责任。

（二）完善师德考核奖惩机制

建立开放的评价体系，对教师师德进行鉴定并存入教师个人档案，作为校长任用、教师晋级、先进评定、绩效工资发放以及学校整体办学水平评价的重要依据；把师德作为新进教师考核的重要内容。在特级教师、优秀教师、学科带头人、骨干教师、教坛新星评选和教师职务评聘以及教师绩效考核等工作中，实行"师德问题"一票否决制。

(三)健全师德监督制约机制

把师德建设作为考核教育质量和办学水平的重要指标；凡是师德建设不符合要求的学校，一律不得获得先进学校等荣誉称号，限期整改仍不合格的由上级教育行政部门予以通报批评。面向社会公开师德举报电话、设立师德举报箱、聘请师德师风监督员、向家长发放师德评议卡等，学校自觉接受学生、家长和社会对师德建设的监督和评议。

四、抓好三个结合，加强队伍管理

将师德建设与绩效考核结合起来，在绩效考核中，坚持把师德放在第一指标，注重教职工履行岗位职责的实际表现和贡献。单列四条违反师德行为，居其一者，可直接评定为不合格等次，促使教师严守师德规范。

将师德建设与办学行为规范结合起来，从招生行为、办校办班行为、教学行为、教师行为、收费行为、教材管理等方面提出 25 条规范性要求。在敏感区域约束规范师德行为。

将师德建设与教师队伍管理相结合，对师德表现不佳的教师，及时诫勉，有效引导了教师从一言一行中为人师表，教书育人。

教育科研过去的成就和未来的使命

教育科研工作是现代教育事业的重要组成部分。"十一五"期间是国家经济社会发展的重要战略机遇期，也是教育事业发展的关键阶段，在进一步完善教育体系的过程中会面临许多新的挑战，有许多理论与实践问题需要解决，提高教育宏观决策的科学化和微观问题解决的有效性需要教育科研的支持。

"十五"和"十一五"，基础教育教育科研面临两大主题，这就是实施素质教育和基础教育管理体制的改革。"十五"期间是两大主题的展开；"十一五"期间是两大主题的深入。

在新的历史时期，在我省教育发展新形势下，教育科研工作如何全面落实科学发展观，服务于全省教育改革与发展的大局；如何深入研究素质教育和基础教育管理体制的改革，为我省教育事业健康发展提供智力支持和知识贡献；这需要我们认真总结过去，切实规划未来。

一、"十五"期间我省教育科学研究迅速发展

总的来说，"十五"期间我省教育科学研究有了很大发展。仅就教育科学规划工作领域的工作来看，不仅取得了一批有价值的教科研成果，解决了教育实践中遇到的一些问题，推动了我省教育的改革和发展，同时也培养和锻炼了教科研队伍，涌现出一批教科研骨干，增强了我省教科研的实力。

（一）多层次教育科研活动广泛开展，取得了丰富的理论与实践成果

"十五"教育科学规划执行过程中，省教育科学规划领导小组办公室共组织了五次课题申报和立项评审工作，有1200多项研究课题获准立项。同期组织了三次全国教育科学规划课题的申报，有23项分别获得教育部重点、青年基金、教育部规划课题立项。这些选题涵盖学前教育、义务教育、职业教育、高中教育、特殊教育、社区教育、家庭教育等各个层次和领域，参加研究人员累计近4万人次。这些研究活动及其成果，对我省"十五"期间的教育改革，起到了积极的推动作用，其中有的科研成果在全省乃至全国都产生了积极影响，并已得到推广应用，产生了良好的社会效益。

（二）专群结合的教育科研活动空前活跃，校本研究蓬勃开展

"十五"规划期间，全省教育科研系统和各级各类学校积极努力，科研人员和广大教师辛勤工作，教育科研事业，尤其是基于广大中小学教师积极参与的群众性教育教学研究活动空前活跃，初步形成了专业性研究与群众性研究相结合、理论研究与实践研究相结合的多元化、多样化、多层次的教育科研局面。教育科研与课题研究服务于教育教学改革和发展的科研方向得到了较好坚持，进一步提高了教育科研的针对性和有效性，尤其是基础教育课程改革背景下的校本研究蓬勃开展，科研兴教、科研兴校、科研兴师的意识和氛围越来越浓。

（三）教育科研规划与管理制度不断创新，各级教育科研网络基本建立

"十五"期间，全省有15个市和部分县（市、区）成立了教育科学规划领导小组或办公室，绝大多数中学和部分小学成立了教科室，形成

了群众性教育科研、学校教育科研工作的网络。

"十五"期间，我省教育科研工作虽然取得了许多积极成果，但也存在一些问题和不足，主要是：（1）严格执行规划的意识还不强，规划实施中有些方面还存在随意性；（2）面向基层的科研规划和课题立项偏少，立项评审方式比较单一，未能兼顾不同层次的不同需求；（3）项目管理环节仍然薄弱，缺少过硬的督促、引导措施，项目按期完成率不高；（4）科研的项目上，微观课题多，宏观课题少，决策研究参与度不够；（5）教育科研成果转化和应用水平不高；（6）一些教育行政部门领导和学校校长对教育科研工作的重要性、必要性认识不够，教育科研工作经费不足，专职人员数量不够，尚未形成常规化、经常性的管理形式和手段。这些问题和不足，都需要我们在"十一五"期间切实加以重视和解决。

二、"十一五"时期教育科研面临的新形势

（一）"十一五"时期我省教育发展的目标

巩固和普及九年义务教育，初中三年保留率达到 97％以上，国民平均受教育年限提高到 10 年，到 2010 年，全省城乡九年义务教育覆盖率要保持在 99％以上，有条件的城市争取普及 12 年义务教育；大力发展职业教育，中等职业教育招生规模达到 38 万人左右，高中阶段毛入学率争取达到 80％；以提高高等教育质量为核心，实施高等教育"双百（百所高等院校、百万在校生）工程"。保持教育事业持续健康发展，教育体系更加完善，区域发展趋于协调，城乡差距逐步缩小，国民受教育水平进一步提高。

(二)"十一五"期间我省教育的工作重点

1. 基础教育方面的重点工作

义务教育方面是建立农村义务教育保障经费机制改革，强化政府对义务教育的保障责任，从2007年春季开始全部免除城乡义务教育阶段学生学杂费；普通高中教育的任务是稳定规模，加强管理，提高质量；深化基础教育课程改革，全面实施素质教育。

2. 以培养高素质劳动者和技能型人才为重点，大力发展职业教育

把职业教育放到突出位置，加快建设中高等职业院校和职业教育实训中心，逐步形成以高等职教为龙头、中等职教为重点的现代职业教育体系。基本普及高中阶段教育。

3. 以培养学生创新精神和实践能力为重点，着力提高高等教育质量

引进和培养高水平师资，优化学科专业结构，增加工程科技类等学科专业比重，推进高水平大学和重点学科建设，增强高校科技创新能力和毕业生竞争力，不断提高高等教育的大众化和国际化水平。

教育的快速发展和改革进一步为教育科研提出诸多的命题。

三、"十一五"期间教育科研的工作任务

落实教育发展规划，实现教育发展目标，有许多理论与实践问题需要解决。伟大的实践呼唤伟大的理论。我们只有在逐步探索的基础上解放思想、大胆创新，才有可能把握教育改革和发展的规律，实现我省教育的又好又快发展。教育发展的面临形势和挑战，正是教育科研应该也必须要研究和回答的重大问题。多年来的实践证明，教育科研是推动教育改革与发展的第一生产力，是繁荣教育理论的必要手段，是产生教育知识和教育观念的重要方式，是促进教育决策科学化和教

育实践理性化的重要基础和依据。充分发挥教育科研对宏观教育决策和具体教育实践改善的作用，促进教育理论与实践创新，是教育发展的现实需要与迫切要求。

根据我省教育发展的形势需要和我省教育科研实际情况，我省教育科研工作的目标和任务就是要以"三个代表"重要思想为指导，全面落实科学发展观，服务于全省教育改革与发展的大局，以服务求支持，以贡献求发展，为教育改革和发展提供智力支持和知识贡献。

从我省教育发展对教育科研的需求和教育科研实际状况来看，当前我省教育科研工作应努力做好三个方面的工作。

（一）增强教育科研工作的针对性和实效性

教育科研的使命和任务就是要关注时代、关注现实社会。我省教育科研工作应该坚持为教育宏观决策服务，为指导和推动教育改革和发展实践服务科研方向，紧贴教育宏观决策、紧贴教育教学实际、紧贴教育学科研究前沿、紧贴教育发展的热点难点，组织、开展教育科研工作。

1. 坚持服务中心工作，突出教育改革与发展中的重大现实问题研究

服务于大局和中心工作是教育科研在新形势下实现可持续发展的重要任务和根本保证。实践证明，教育科学要获得发展，教育科研工作者就必须投身于火热的社会生活，始终关注和直面现实，研究和回答教育在自身发展乃至经济社会发展中所面临的重大现实问题。当前，在建设和谐安徽、人才强省的过程中，我省的教育必将面临大量的新情况以及难点、热点问题，比如，农村教育问题、职业教育与技能型人才培养问题、素质教育与基础教育课程改革问题、高等教育质量和创新人才培养问题、教育发展支撑体系建设问题等，这些都迫切需要

教育科研工作者作出科学的回答。教育科研工作者只有大力发扬理论联系实际的优良作风，紧密围绕这些亟待解决的实际问题，拿出无愧于时代的成果，在解决实际问题和为社会服务的过程中不断推动理论和实践的发展，才能充分发挥教育科研在教育发展中的决策咨询、理论指导和实践探索的作用。

教育路上行与思

2. 坚持理论创新，发挥教育理论对教育实践的引导作用

胡锦涛总书记在中共中央政治局第 13 次集体学习时明确指出：哲学社会科学界要切实担负起自己的历史责任，瞄准学术发展前沿，打开认识视野，拓展思维空间，既立足当代又继承传统，既立足本国又学习外国，大力推进学术观点创新、学科体系创新和科研方法创新，努力建设具有中国特色、中国风格、中国气派的哲学社会科学。这对包括教育科学在内的哲学社会科学指明了新的发展方向，提出了新的任务。我们要立足现实，放眼未来，充分继承和弘扬我国、我省优秀的教育传统文化，广泛吸收世界先进的教育思想、教育理论和教育方法，深入研究和系统总结现阶段我国、我省教育改革与发展实践中的新情况、新问题、新经验，提出新思路、新理论和新方法。

3. 坚持产、学、研相结合，加快教育科研成果转化

教育科研成果的转化能力一直是制约我国和我省教育科研健康发展的瓶颈。许多教育科研工作者的研究成果问世后，或由于宣传推广不够，导致"养在深闺人未识"；或由于理论性太强、应用性差，导致"阳春白雪，曲高和寡"，经过千辛万苦研究出来的成果只能束之高阁、无人问津，产生不了实际的经济和社会效益，实在是对人力、物力和财力的极大浪费。要尽快改变这种状况，我们必须从我们的国情和省情出发，坚持走产、学、研相结合的道路，加快教育科研成果转化。通过教育科研规划和工作指导，引导教育教学研究工作者和广大教师，开展教育教学理论与实践问题的研究，对教育科研成果进行及时、广泛的宣传和推广，对科研成果的科学内涵进行有效的整合，使之形成促进教育改革的新型资源。要把课题成果的推广规模和实效，作为各级教育科研管理部门绩效考核的重要内容；要把已经取得阶段性成果的重大研究项目作为新的研究平台，重点支持，进一步深入研究，为培育高水平的教育科学成果提供良好的条件，奠定扎实的基础。

(二)抓好当前教育理论与教育实践研究的重点领域的研究工作

教育科研工作是一种在科学理论指导下探求教育规律的创造性实践，它有自身内在的客观规律。加强教育科研工作，要求我们服从教育改革发展全局，尊重教育科研工作规律，明确思路，突出重点，这样才能确保教育科研工作的效益和水平。为此，《安徽省教育科学研究"十一五"规划》基本的思路必须在实际工作真正得到体现，重点要加强三方面的研究。

1. 加强教育基础理论研究

改革开放 30 多年来，我省社会主义教育事业取得了辉煌的成就，但教育事业发展与人民群众日益增长的教育需求之间的矛盾仍然存在，优质教育资源供给不足，教育发展水平仍不均衡，素质教育面临一些深层次的体制性障碍等，所有这些都有待我们在教育基础理论研究上取得根本性突破。

2. 加强教育发展战略研究

我们要根据建设社会主义和谐社会的要求，围绕全省教育改革发展中带全局性、战略性和综合性的重大问题开展对策性研究，对教育观念、教育政策、教育体制、教育结构、各类教育发展预测、质量监控与分析评价、教育投入保障机制、教育与和谐社会建设、教育为社会主义新农村建设服务等重大现实问题进行重点研究，力争为我省教育宏观决策提供重要参考。

3. 深化课堂教学研究

一切教育理论思想，一切教育改革措施，最终都要落实到课堂教学。课堂是我们教育教学工作的主阵地，也是教育研究工作永远不变的重点。我们要进一步下放教育科研工作的重心，扎根基层，立足课堂，切实加强课程教材研究和课堂教学研究，努力提高课堂教学的质量和水平，使素质教育和新课程理念的落实在课堂教学层面取得真正突破。

(三)着力抓好教育科研工作的能力建设

随着教育事业的发展进步，一些深层次的问题就会慢慢凸显出来，从而对教育科研的依赖程度也越来越高。如何进一步加强我省教育科研工作的能力建设，多出成果、出好成果，不断提升我省教育科研工作的实力和水平，必须引起各级教育行政部门特别是教育科研部门的高度重视。加强教育科研工作的能力建设，主要是抓好三个建设。

1. 科研队伍建设

这是提高我省教育科研质量与水平的关键和基础。首先，要不断改进教育科研队伍的工作作风。要制定各级教育科研人员的行为规范，明确工作纪律，改进工作作风。广大教育科研人员要增强教育事业的责任感和使命感，加强学习，更新教育思想，大力深入基层，热心服务，努力形成严谨治学、实事求是、求真务实的学风，以高尚的品格感染教师，以深厚的学术修养影响教师，以优秀的成果引领教育教学。其次，要在进一步调整优化、充实提高各级教研机构的专职教育科研队伍的基础上，建设好一支包括党政机关干部、各界专家学者和社会有识之士在内的兼职教育科研队伍，建设好一支依托各级群众性教育科研组织，辐射广大一线教师的群众性教育科研队伍。同时，要落实并完善各项政策措施，把教师的教育科研能力及成果作为职务晋升和评优评先的重要条件，在评定特级教师和优秀教师时，对有教育科研水平和成果的予以优先考虑，更好地调动教育科研人员的积极性和创造性。

2. 教育科研机构建设

改革开放以来，我省已经逐步建立了省、市、县、校四级教育科研机构，形成了覆盖全省的教研科研网络。当前，要重点探索推动市、县两级教研科研机构的建设和改革，进一步改善条件，整合资源，强化功能，努力把它们建设成为辐射当地各级各类学校的教学指导中心、教师研修中心、学术交流中心和资源信息中心。同时要探索建立多层次的教育科研联合协作体系和机制，围绕教育改革发展中的重大问题，在科研机构与科研机构之间、学校与学校之间、地方与地方之间、高等院校与中小学之间的联合攻关，实现资源共享、优势互补，共同推进我省教育科研事业的发展。

3. 教育科研制度建设

要按照教育科研工作的特点，进一步建立和完善教育科研系统的科研管理制度、人事分配制度、人员培训制度、评价奖励制度等，通过加强制度建设，进一步鼓励学术创新，培植学术力量，激发科研活力，提升科研水平。

四、教育科研工作保障条件

教育科研工作是一项复杂的社会系统工程，做好教育科研工作需要教育科研工作者参与教育科研的教师共同努力，也需要全社会方方面面的关心、关注与支持，以形成加强教育科研工作的合力。

(一)教育行政部门和学校领导要高度重视教育科研工作，加强对教育科研工作的组织领导和实际支持

以教育科研为先导推动教育事业的改革和发展是新时期我国教育事业发展的基本方针之一。新时期我国制定的许多教育法规都突出强调了教育科研工作在教育改革和发展中的重要地位。《中华人民共和国教育法》第 11 条明确指出："国家支持、鼓励和组织教育科学研究，推广教育科学研究成果，促进教育质量提高。"国务院颁发的《中国教育改革和发展纲要》也指出："各级政府和教育行政部门要把教育科研和教育管理信息工作摆到十分重要的地位。"各级党委、政府要从依法行政的高度，对这项工作给予高度重视。各级教育行政部门和各级各类学校要建立、健全教育科研工作领导责任制，进一步加强对教育科研工作的领导，把教育科研工作摆上重要议事日程，将教育科研工作纳入地方教育和学校发展规划，明确工作目标，在政策上大力支持，在工作上统筹协调，在行动上积极参与，真正把教育科研工作作为事关教育事业发展的大事抓紧、抓好、抓出特色。

建立教育决策依靠教育科研的机制，实现教育决策的科学化和民主化。当前，我省不少教育行政部门的领导在进行教育决策时依靠教育科研的主动性还不够，教育决策的科学化、民主化程度还不很高，"决策在前，研究在后"的现象仍然较普遍地存在。这既有教育科研意识薄弱的原因，也与我们还没有普遍建立起教育决策必须依靠教育科研的机制有关。今后，各级教育行政部门在进行重大教育决策时应该更多地依靠教育科研部门提供科学的决策依据，善于听取各方面教育科研专家的意见，做到重大教育决策之前必须经过充分论证，论证认为不科学、不可行的政策绝不出台。只有这样，我们的决策才能比较科学、比较民主，才有可能产生积极的效果。

就学校层面来讲，鼓励、支持教师开展教育科研，对学校发展作用非常大。其作用可以概括为几个方面：（1）重建学校文化；（2）凝铸学校特色；（3）凝聚员工心力；（4）促进学校改革；（5）有利于促进教师的专业成长（有利于教师教育科学素养丰富、有利于教育观念更新、有利于教师不断积累实践知识）。而这些恰恰是学校发展持续力量。学校领导应充分认识到这种作用，并在学校制度设计、经费提供、时间保证等方面予以落实。

（二）抓好教育科研保障工作，形成教育科研激励机制

发展教育科研事业，必须进一步加强领导，增加投入，为教育科研工作提供良好的保障条件。

1. 教育行政部门要加大对教育科研工作的经费投入

教育行政部门保证教育科研经费投入相对稳定，保证教育科研机构的人员经费、办公经费、科研课题经费和教改实验经费及时足额到位，把教育科研人员培养培训纳入全省中小学教师继续教育整体规划予以保障。同时要通过设立教育科研工作专项经费、实施重大教育科研课题资助制度等。各级各类学校还要根据实际情况，调整经费支出结构，资助教师的课题研究，保障教研活动的正常开展。

2. 要完善教育科研制度，强化制度约束和政策激励机制

首先，要加大对教育科研工作和教育科研工作者的宣传力度，努力在全社会形成重视教育科研工作、了解教育科研动态、尊重教育科研工作者的良好氛围。其次，建立、健全教育科研工作的督导评估机制，把教育科研作为对学校办学水平评估的重要内容，作为对教育教学工作进行表彰奖励的重要依据。同时要加大教育科研工作表彰奖励，

对在教育科研工作中有突出贡献的单位和个人给予表彰和奖励。组织好省教育厅两年一次的优秀教育科研科研成果的评选奖励工作。最后，要坚持把教师的科研能力及其成果作为职务晋升的重要条件，并在评定特级教师、骨干教师时优先考虑政策的落实。学校要从教育科研工作实际需要出发，从机构和制度创新着手，建立有利于学校教育科研活动开展的制度和机制。

3. 各级教育科学研究机构和学校教育科研骨干的培养、培训

首先要制定教育科研人员和学校教育科研骨干的培养规划和措施，保障培训的时间、经费和质量，支持和鼓励开展学术交流和学习考察，加强教育科研人员科研骨干的培养、培训，努力营造良好的学习氛围。

（三）省规划办要加强对全省教育科研工作的组织、指导

省规划办作为省教育科学规划领导小组的办事机构，承担对全省教育科研工作具体组织和日常管理工作，要切实履行职能，加强对学校教科研工作管理和指导，特别是加强课题研究过程的管理，这是确保省级立项课题研究质量的前提。要避免"种而薄收"、"种而不收"的现象出现，严格管理措施，提高按期结题率。其次，要加强自身能力建设和作风建设，坚持服务基层、服务学校、服务教师的工作原则，深入基层、深入学校、深入课题组，多了解课题研究的情况和困难，努力帮助教师解决研究工作中的困难和问题。要加强对教师的培训，提高教师的教育理论素养和教育科研能力。

家庭教育

——青少年教育的重要一环

一、家庭教育在基础教育中的重要性

家庭是人类生活中最主要的社会基本群体，是社会的组成分子。作为社会基本群体的家庭，对人和社会具有多种独特的功能，其中有生物的、哺育的、教育的、心理的、经济的等功能。这些功能对下一代的生长和发展都产生直接而巨大的影响。自古以来，家庭不仅是其子女赖以生存的场所，而且是他们最早接受教育的启蒙学校。随着科学技术的发展和社会的进步，家庭教育的功能正在不断扩大和增强。

现代家庭教育、学校教育和社会教育都要按照国家教育目标、方针培养社会主义建设者和接班人。家庭教育的特点是充满亲情，在和谐、爱抚、自然的气氛中进行，充满生活情趣，要求家长身教重于言教，突出示范性。学校是国家设置的专职教育机构，学校教育常有一定的强制性，要严格地按照国家规定的计划、按照课程表，在一定的时、空范围内进行，有严格的评价标准和制度。社会教育由社会教育机构组织活动，有明显的社会目的、政治目的，有详细的工作计划，受教育对象自愿参加，没有任何强制性，带有较多的娱乐性。

家庭教育是学校教育和社会教育无法替代的，是基础教育的基础和补充。许多教育家把家庭教育称作奠基教育、定向教育、终身教育是很有道理的。父母是子女的第一任教师，他们的言传身教，对孩子产生潜移默化的作用。如果父母养而不教，那么孩子将失去最佳的受教育期如果父母予以不良的影响，使子女养成不良的行为习惯，入学后学校要纠正其不良行为习惯，付出的代价要比正常的教育大得多。人生的头几年，主要受的是家庭教育。中国有句古话："三岁看大，七岁看老"，说的正是家庭教育这项最初奠基工程的重要意义。在这人生的头几年里，家庭是最经常、最集中、最大量地对孩子施以教育的。孩子有如一张白纸，那些最初的印痕是很难抹掉的，甚至一辈子也抹不掉。这支画笔操纵在家长的手中，这项最初奠基工程的工程师、施工员正是孩子的父母。

即使孩子入学后，中小学教育也必须得到家庭教育的支持和配合，才有望收到良好的教育效果，反之，没有家长的支持和帮助，教师的辛勤劳动也会受到妨碍或抵消。苏霍姆林斯基说得好，"社会教育是从家庭教育开始的。家庭教育好比植物的根苗，根苗茁壮才能枝繁叶茂，开花结果。良好的学校教育是建立在良好的家庭道德基础上的"。有时孩子难以接受、掌握学校所教的知识，家长给予辅导和帮助，使他们能够尽快完成学习任务，掌握应掌握的知识。由于学校教育必须面向大多数学生，通常情况下，只能进行一般性的常规教育，加上学生多，个性差异大，教师往往难以进行深入、细致的个别辅导。在许多家庭的家长中，拥有各种各样的人才，在培养、发展孩子的某种兴趣、爱好、特长方面，具有巨大的优势，完全可以大有作为。

家庭教育业已成为当今社会关注的一个热点，是千万家庭的切身利益和迫切需求。随着中小学素质教育的推进，开展家庭教育，既是机遇，又是挑战。不失时机地推进家庭教育现代化，对促进基础教育的改革与发展，具有重要的现实意义。

二、配合学校实施家庭教育

家庭教育是基础教育的基础和补充，要紧密围绕基础教育改革发展确定具体教育的具体内容，组织实施各项活动。只有这样，才能与学校教育紧密结合、有机联系起来，才能够形成工作合力，提高家庭教育效果。家庭教育要以科学发展观为引领，以全面推行素质教育和加强未成年人思想道德建设为目标，在汲取我国优秀民族文化的基础上，将现代科学育人知识和方法，大力普及到千家万户，转变家长的观念，提高家长的自身素质。当前，要重点围绕两个方面开展活动：

首先，要围绕中小学实施素质教育开展各项活动。全面实施素质教育就要面向所有学校，面向所有学生，面向学生各个方面，开发学生发展潜力，培养学生动手能力、创新能力，这是基础教育改革与发展的客观要求和必然选择。家庭教育要紧密围绕培养什么样的人、怎样培养人这个素质教育的核心组织开展各项活动。

一是配合中小学广泛宣传实施素质教育的重要性和紧迫性。近年来，随着基础教育课程改革的深入推进，我省中小学实施素质教育取得了新的进展和成效，但从总体上看，实施素质教育的任务还十分繁重和艰巨，存在不少困难、障碍和压力，其中很重要的一条就是认识模糊，观念滞后。因此要开展多种形式的教育活动，向社会和广大家长宣传素质教育的内涵、意义、途径和方式，帮助他们了解认识实施素质教育的内容和重要性，从而增强自觉性，树立正确的人才观和教育观，主动关心、配合学校推进素质教育。

二是配合中小学落实推进素质教育的各项措施。要充分利用家庭教育这个平台，采取多种形式和办法，通过多种渠道，在实施课程计划、提高课堂教学质量、培养学生综合素质、安排课外活动内容、培养学生动手能力和创新精神等方面，引导、影响和帮助学生家长积极主动地理解、配合学校实施素质教育。

三是积极创造实施素质教育的良好家庭环境。要确立家长教育行为的法制观念，增强家庭教育的民主意识，尊重孩子，平等沟通，改变简单粗暴、压制体罚等不良作风，树立新的家庭教育理念，要引导家长利用亲情教育的优势，开展个性化教育，发展孩子个性，采取鼓励、引导、宽容的科学方法，耐心教育，不断提高孩子自尊心、自信心和上进心，要重视和解决"重智轻德"的教育倾向，促进智力因素与非智力因素教育的有机结合，教育孩子学会学习和求知。

其次，要围绕广大农民工子女教育开展各项活动。改革开放以来，大量的农民进城务工，加快了城市建设和发展步伐，也促进了农村的发展和进步，与此同时，他们的子女就学矛盾也逐步地凸显出来。农民工子女就学存在三种情况，即：随父母进城就学，留在原籍农村入学，随父母返乡就读。我省是农业大省，也是劳务输出大省，以上三类儿童数量很大。据统计，我省农村 0～17 岁留守儿童约 366 万人，农村义务教育阶段中小学校留守儿童 272 万人，约占我省义务教育阶段学生总数的 36％，其中，双亲外出务工的占留守儿童总数的 47％。留守儿童以跟父母一方或祖父母生活为主的约占 73％，初中阶段留守儿童在学校寄宿的比例大大提升，占留守儿童总数的 30％左右，部分双亲外出的留守儿童独自生活，全省约有 7 万人。目前我省在省辖市区义务教育阶段就读的农民工子女达到 7 万人，约占省辖市区义务教育阶段在校生总数的 7％。农民工子女教育是当前实施义务教育中出现的新情况、新问题，解决好这一问题，对巩固义务教育普及成果，提高基础教育的质量和水平意义重大，家庭教育要将农民工子女教育作为重要内容予以落实。

一是在广大农民工中宣传《义务教育法》。要通过宣传教育，引导他们认识到义务教育是国家统一实施的所有适龄儿童、少年必须接受的教育，是国家必须予以保障的公益性事业；使他们明白自己子女不分性别、民族、种族、家庭财产状况、宗教信仰等，依法享有平等接受义务教育的权利，并履行接受义务教育的义务，不按时送子女上学是违法的行为；使他们感到对自己子女在生活上照料，在学习上关心是应尽的职责，强化家长的法定监护责任，建立以父母亲及其亲属为主体的家庭监护体系。

二是积极关心农村留守儿童的教育。留守儿童是我国经济社会转型期出现并将长期存在的社会群体，留守儿童的健康成长，关系到千万个家庭的未来，关系到众多农民群众的切身利益，关系到农村经济社会持续发展，也关系到一代人的培养。家庭教育要将关心农村留守儿童教育作为重要的活动内容，积极配合政府、学校和社会组织各项活动，促进农村留守儿童健康成长。要针对家庭成员经常性缺位导致的关怀缺失，对留守儿童实施亲情关爱；针对缺少正常的情感交流和心理关怀，对留守儿童实施心理关爱；针对家庭监管的缺失和学校教育的疏忽导致的学习困难，对留守儿童实施学习关爱；针对家庭教育的缺失导致的行为习惯不规范和道德养成教育缺乏，对留守儿童实施品行关爱；针对父母不在身边，缺乏约束和监管，人身安全得不到有效保障，对留守儿童实施安全关爱。

三、不断提高家庭教育的质量和水平

首先，要继续推进家庭教育现代化实验区建设。建立实验区是推动工作的重要手段和途径，要在前一个阶段工作的基础上，不断总结和完善，继续采取点面结合的办法，逐步扩大试验的范围和层次。

一是要根据当前基础教育特点和要求，不断丰富家庭教育现代化的内涵。要进一步促进家庭教育观念的现代化，使广大家长和社会摒弃陈旧教育观念，与时俱进，跟上时代发展步伐。要进一步促进家庭教育的内容和方法科学化，以及教育手段的现代化。要建立现代家庭教育的机制，实现家庭教育管理的规范化。要建立家庭教育的服务体系，做到保障措施制度化。

二是要加强对家庭教育现代化实验区的领导。有关试验点的政府、教育行政主管部门都要加大领导的力度，帮助解决实验工作中的实际问题。要加强舆论宣传，开展细致的工作，实现家庭教育的目标。要运用方方面面的力量，形成良好的家庭教育氛围。建立保障机制，多渠道筹措家庭教育经费，推动家庭教育现代化实验工作。

三是要进一步改进家庭教育的手段，提高家庭教育的实际效果。要推动实现家庭教育培训网络化。要充分利用现有教育资源，依靠学校教育的人才优势和与学生家长的广泛联系，以中小学校为依托，广泛建立家长学校，同时兴办电视、广播、函授家长学校，形成全方位的家长培训网络。要建立快捷灵敏的家教信息系统，通过媒体，利用现代化的手段，将各种家庭教育的新知识、新技巧传到千家万户。最近，省教育厅、省新华发行集团和有关媒体联合举办了大型公益教育系列活动——家长学堂，专门面向家长和社会、通过多种媒体传播先进教育思想和方法。讲堂向家长免费开放，不举行任何商业活动。家长学堂在教学内容安排上，强调系统性、针对性、科学性，从胎教、儿童少年期教育、青春期教育等方面安排课程，还注意结合一些社会关注的问题，如传统文化缺失、盲目追星崇拜、农民工子女教育、正确对待网络、成长期膳食营养、高考心理辅导、感恩情怀培养等方面设计授课主题。目前，已经播出两期，家长和社会反映良好。

众雁高飞头雁领

——省会城市教育引领作用

　　近几年是合肥教育发展的最好最快时期，2010 年是合肥市教育持续健康快速发展的一年。在市委市政府的正确领导下，合肥市坚持教育优先发展战略，强力推进教育改革，积极促进教育公平；广大教育工作者立足合肥教育实际，遵循教育规律，求真务实，真抓实干，全市教育事业蓬勃发展，实现了新的跨越。圆满完成了基础教育、职业教育和公共教育的主要工作目标。

　　到 2010 年，市辖 7 县区中已有蜀山区、肥西县、庐阳区、肥东县 4 县区先后被评为"安徽省教育强县（区）"；蜀山区、庐阳区、瑶海区、包河区 4 个区全部获得"安徽省义务教育均衡发展先进区"称号，合肥市被教育部评为"全国推进义务教育均衡发展先进地区"，在大城市走出了一条实实在在的高起点的教育均衡发展的阳光之路；在特殊群体教育公平方面实施"五个百分之百"，体现大城市教育的胸襟。2010 年，合肥市被国务院确定为学前教育体制机制改革试点市，普通高中教育发生质的飞跃，中等职业教育开始走上多样化、集约化、高品位的发展之路。形成了实施校安工程，建设平安校园，实施教育家培养工程等 14 个方面的特色。教育事业的不断发展，极大提高了市民素质，提升了城市形象，为经济社会发展作出了重要的贡献。为全省教育提供了很好引领和示范作用。

合肥市教育今天的高起点、全方位发展，不仅为现在更是为将来合肥市教育奠定了坚实的基础。

因此，合肥市教育要紧紧抓住经济社会发展的历史机遇，优先发展，在全省教育中起到示范和辐射作用。

现在是合肥经济社会发展又好又快时期。近年来，合肥市委市政府以科学发展观为统领，紧紧抓住中央实施促进中部地区崛起战略、国内外产业和资本梯度转移的历史性机遇，全力做好工业化、城镇化两篇大文章，沿着全面转型、奋力崛起、富民强市的科学发展的道路前进。

机不可失，时不再来，机遇对发展是重要的。教育要善于争取机遇、抓住机遇、创造机遇，确立教育优先发展的战略地位。

具体地说，我觉得合肥市今后要抓好以下几项工作。

一、继续将学前教育发展列入全市教育改革发展的重点工作，纳入城镇、社会主义新农村建设规划

我们都懂得"水桶效应"：一只水桶想盛满水，必须每块木板都一样平齐且无破损，如果这只桶的木板中有一块不齐或者某块木板下面有破洞，这只桶就无法盛满水。就是说一只水桶能盛多少水，并不取决于最长的那块木板，而是取决于最短的那块木板。

就合肥市而言，学前教育是基础教育的短板。合肥市的学前教育发展存在的问题，处在一个相对高的层面，即它不是资源的短缺，而是更多体现在布局的合理性、公益性和高质量方面（合肥市幼儿园2010年增加43所）。合肥市学前教育的发展，将完善合肥市整个基础教育体系，解决基础教育的短板问题。从这个意义上讲，合肥市学前教育的发展是战略性任务。

二、以校舍标准化建设为抓手，均衡配置义务教育资源；以办特色学校为方向，提高义务教育质量和效益

通过教育资源均衡配置尤其是教师的合理流动推进区域之间、城乡之间的教育均衡发展。同时，处理好义务教育资源均衡配置和学校办出特色的关系。"我们要重视教育资源的公平，但不能把学校办成千篇一律，千人一面，学校还是要有自己的特色，自己的风格。"（温家宝在国家科技教育领导小组会议上题为《百年大计 教育为本》的讲话）。在均衡教育方面，日本的发展道路给我们启示。他们的路径是：人人享有受教育的机会——受同等条件的教育——可选择性的教育（可选择性的教育：即以追求每个个体的独特个性或每一种文化自身的发展权利为特征的"多元尺度"），我们可予以借鉴。

三、高中阶段教育坚持两手抓，为高校输送优质生源，为社会输送实用人才

高中阶段的教育起承上启下的重要作用。合肥市应当有一流的普通高中教育和一流的职业高中教育。教育均衡目前仅限于义务教育阶段。高中是非义务教育阶段，高中教育的适度竞争和差异是正常的，有利于学校的发展，有利于整体水平的提高，也有利于不同学生群体学习的需要。教育公平的要义包括：教育起点的公平，即保障每个适龄儿童上学的权利；教育过程的公平，即政府均衡配置义务教育阶段教育资源，以保证学生教育过程的公平；教育结果的公平，即主要体现在给每个学生竞争机会的平等，而决不意味着竞争结果的一样。人的天赋不同、努力程度不同，其竞争结果不同是公平教育的体现。因此，高中应有适度的竞争。

四、大力加强教师队伍建设，全面提高教育质量

我们教育这些年来的关注点确切地说是生存层面的：教育的规模、办学的基本条件（校舍、设备、经费）。而这显然是不够的。教育是有规律性的，教育的改革发展应当遵循教育的规律，当教育生存层面的条件得以保障，教育应当回到教育的本位，回到教育教学的本位。注重教育的质量和教育公平。

我们要由表及里、由现象到本质进行教育研究。比如，质量，提高教学质量有多种方式，加班加点是提高教育质量的方式之一，但不可取，其原因是这种方式是以牺牲学生的健康和童年、少年时期的快乐为代价，这种方式是与教育法规和现代教育理念相悖的。因为童年、少年对人生只有一次，童年、少年时代的快乐在今后生活中是不可复制的，我们没有任何理由剥夺学生的这种快乐，更没有任何理由牺牲学生的健康。我们应该向教育管理、教育教学要质量；向教师要质量；向备课、上课、辅导要质量；向现代教育手段要质量。

如何加强教师队伍建设。我们要理解教师的本质：教师是社会崇高道德的化身，集中体现在对学生的关爱和奉献上；教师是知识和智慧的化身，具有学而不厌和诲人不倦的职业品质。（师德建设和业务提高）。教师道德不仅是对社会上每个人思想和行为的规范，而且维系社会的秩序和稳定。教师的道德应是整个社会道德的表率。这是教师职业的要求和社会的要求。教师是社会道德建设的先行者，社会要为师德建设营造良好的社会环境。

在涉及教育质量的诸因素中，教师队伍是至关重要的。比如，芬兰因其两次在国际学生评价项目中排名第一，让每个孩子都能有所进步，备受各国教育界关注。高质量教师和个性化教学辅导是芬兰取得

成功的重要原因之一。芬兰教师团队包括班级教师、教师助理、特别需要教师和多学科综合工作小组等一系列分工细致、职责明确的教师团队。

五、要在日常教学和生活中培养学生正确的价值观和审美观

稍微注意一下，你会发现，一些媒体和一些单位往往游走在两个极端，他们热衷于报道的新闻和喜欢总结的经验，要么是不堪重负，要么就是快乐学习；要么是作业做不完，要么就是没得作业做；要么是师道尊严，要么是教师怕学生。陶行知先生说："千教万教教人求真，千学万学学做真人"，要告诉孩子们学习不仅仅是快乐的，"凿壁偷光"、"悬梁刺股"的精神还是要有的；要告诉孩子在前进道路上有鲜花也有荆棘；要告诉孩子大灰狼还有，大灰狼还要吃人；要告诉孩子们要珍惜生命；要告诉孩子们成功之花是汗水浇灌的，幸福不会从天降，靠"选秀"、"选美"一夜成名的也会一夜名落孙山。"要以真为美、以善为美、以美为美。"切不可以流行的低俗、恶俗、丑陋为美？我希望教育界要前进就要克服时下一些流俗：不要把"你棒你棒你真棒"等同于"激励教育"，防止"捧杀"了我们的孩子；不要用演戏排练的方式上示范课，防止误导学生"弄虚作假"；保持儿童的天性和纯真，不要满口大人腔调；告诉孩子们"刻苦"是一种很优秀的品质；告诉孩子不是"越疯越好"，"腼腆""文静""羞涩""温文尔雅""清纯"是一种很高贵的品质，即使"寂寞"也是难得的意境，古人云："小雨半畦春种药，寒灯一盏夜修书，"何等寂寞但又美好的意境；告诉孩子们，父亲是父亲、母亲是母亲、长辈是长辈、晚辈是晚辈，男孩是男孩、女孩是女孩，要长幼有序，男女有别，尊老爱幼，这是中华美德，好的传统是祖宗留下来的宝贵财产，要继承，不可丢，也不能丢。

教育需要我们探索，需要我们实践，"仰望星空，以包容的心态看待多元的教学探索；脚踏实地，以科学的态度坚持育人的核心价值"。

2011 年 1 月 15 日

第三辑　致辞与书信

搭建中英校长课改交流的平台

——"2006 中英校长论坛"开幕式致辞

"2006 中英校长论坛"经过各方面精心筹备，今天在安徽大学隆重举行。孔子说，"有朋自远方来，不亦乐乎"，在此，我谨代表安徽省教育厅对来自英国的校长、兄弟省市的专家以及全省各地的中小学校长表示热烈的欢迎！

本届论坛是在"国际校长发展项目"基础上的进一步拓展，其主题为"课程改革与未来"。这是英国总领事馆文化教育处与安徽省教育厅外事处、基础教育处联合开展的首次中英官方教育交流活动，揭开了安徽省与英国基础教育交流与合作的序幕。在此我谨代表安徽省教育厅对论坛的顺利举办表示热烈祝贺！

英国和中国一样，是一个古老文明而又高度重视教育的国家。"国际校长发展项目"是由英国文化协会发起的中英间校际往来项目之一。项目旨在鼓励中英双方校长共同探讨基础教育课堂教学标准。参与者主要通过定向访问和交流来提高课程管理和课堂教学水平，扩大对彼此不同的管理和教学方式的认识与理解。9位来自英国的优秀中小学校长自11月6日起在合肥市的5所学校进行为期4天的跟班活动。今天，他们将与来自我省各地的80多位优秀中小学校长共同研究与交流基础教育课程改革的经验。

安徽省是中国中部地区的文化教育大省，目前全省有小学20 142所，初中3 360所，普通高中760所，在校中小学生1 040余万人。2001年秋季，我省芜湖市开始了义务教育新课程实验；2004年秋季，义务教育新课程实验扩展到全省的小学、初中；2006年秋季，我省又全面开展了普通高中新课程实验，成为全国开展普通高中新课程实验的10个省份之一。我省为验证和完善国家课程方案和课程标准做出了大量卓有成效的工作，取得了一批理论与实践成果。

基础教育课程改革试验既是一项规模宏大的教育实践活动，更是一项充满智慧的教育科学探究活动。中英校长论坛将让我们相互借鉴吸收成熟的理论成果和成功的实践经验，推动基础教育课程改革不断深化。而改革后的基础教育课程，将有力地促进教育质量的提高，有利于把每一个孩子培养成具有"公民的责任、个性发展与生存能力、创造力与批判性思维、交流合作与团队精神、信息素养、国际视野"的优秀人才，使他们能在这个世界上更好地生存和发展。

最后，预祝本次论坛取得圆满成功！

为了增进了解的竞赛

——"安徽省韩国语演讲大赛"开幕式致辞

经过周密的筹备，"安徽省韩国语演讲大赛"终于如期举行。

中韩两国连衣带水，唇齿相依；中韩文化一脉相承，相互依存；中韩人民彼此信赖，世代友好。安徽省与韩国的友好往来由来已久，近年来，更是越来越频繁。安徽省教育厅一直致力于和韩国教育界的交流与合作，双方互访不断，涉及各个层面，有各级政府教育机构之间的有各级各类学校间的，还有教师和学生的互派活动。这一切都大大促进了双方的教育国际交流与合作工作不断发展，不断进步，不断迈向更高的台阶。

"安徽省韩国语演讲大赛"旨在进一步加深双方的相互了解，进一步加强双方的合作，进一步促进双方的友谊，也为安徽省正在学习韩语的大学生提供了一个很好的展示自我的舞台和相互交流的平台。大赛是安徽省"韩国周"的重要组成部分，具有重要的意义。韩国驻沪总领事馆、安徽省人民政府外事办公室和安徽省教育厅高度重视；承办单位安徽中医学院、协办单位合肥学院韩国部、各参赛单位都积极支持，尽各自努力，为大赛的如期举行做了大量的准备工作。在此，我希望各位选手赛出风格，赛出水平，并通过大赛结下深厚的友谊，为大赛增色添彩！

最后，预祝所有选手能展示最好的风采！预祝大赛成功举办！

谢谢大家！

2006 年 11 月 22 日

第三辑　致辞与书信

明月何曾是两乡

——"希望牵两岸，青春耀中华：两岸万名青年大交流"开幕式致辞

首先，我谨代表安徽省教育厅向参加"希望牵两岸，青春耀中华——两岸万名青年大交流安徽分团暨 2009 年台湾青年学生徽文化夏令营"的老师和同学表示热烈的欢迎！也借此机会，向遭受台风袭击的台湾父老乡亲致以深切问候，向在灾害中罹难的同胞致以哀悼。

安徽是中国内地高等教育发展较早的省份之一，1902 年成立的安徽大学堂就是第一所省立大学，也是今天安徽大学的前身。近 10 年来，安徽省高等教育实现了跨越式发展。目前，安徽省有普通高校 95 所，中国科学技术大学、合肥工业大学、安徽大学、安徽医科大学、安徽农业大学等高校都坐落在省会合肥市。各级各类高等教育在校生规模已超过 110 万人，硕士、博士研究生 3.5 万人。2008 年，高等教育毛入学率达到 21.2%，安徽进入了高等教育大众化阶段。

这次两岸夏令营以"徽文化"为主题，内涵丰富，这里，我为大家简要介绍一下徽文化的基本情况。

徽州文化是古徽州一府六县物质文明和精神文明的总和。徽州是时间概念，即从 1121 年至 1911 年。徽州这一名称始于宋宣和三年（1121 年），徽州这一名称一直没有变更，或称路或称府。民国元年（1912 年）废府留县，徽州这一名称随之也就不复存在。一府六县是地域概念，即原徽州府属歙、黟、婺源、休宁、祁门、绩溪六县。在长

达 890 年的时间里，这六个县一直稳定地隶属于徽州，这在中国历史上是极为罕见的。

徽州文化的主要内容有新安理学、徽州朴学、新安画派、徽州篆刻、徽派版画、徽剧、徽州刻书、新安医学、徽派建筑、徽菜等十余种。此外，还有徽派雕刻、徽派盆景、徽州漆器、徽州竹编、文房四宝、徽州民俗、徽州方言等重要内容。以徽派建筑为例，它集徽州山川风景之灵气，融风俗文化之精华，风格独特，结构严谨，雕镂精湛，体现了和谐自然、天人合一的人文理念。在总体布局上，依山就势，构思精巧，青山、绿水、粉墙融为一体，自然天成；在平面布局上规模灵活，楼台亭阁变幻无穷，徘徊其中常有"柳暗花明又一村"之趣；在空间结构和利用上造型丰富，讲究韵律美，以马头墙、小青瓦最具特色；在建筑雕刻艺术的综合运用上，融石雕、木雕、砖雕为一体，显得富丽堂皇。其中的民居、祠堂和牌坊最为典型，被誉为"徽州古建三绝"，为中外建筑界所重视和叹服。徽派建筑的民居内但逢门户、亭柱、中堂、屏风多悬挂或雕刻楹联，多以忠孝节义、耕读传家为主，如"上百年人家无非积善，第一等好事还是读书"等。

徽州文化是一个极具地方特色的区域文化，其内容广博、深邃，有整体系列性等特点，深切透露了东方社会与文化之谜，全息包容了中国后期封建社会民间经济、社会、生活与文化的基本内容，被誉为后期中国封建社会的典型标本。学术界对其的研究，至少经历了大半个世纪，20 世纪 80 年代以后更趋火热，逐渐形成了一门相对独立的地方学——"徽学"，被誉为是并列与敦煌学和藏学的中国三大走向世界的地方显学之一。两岸夏令营以"徽文化"为主题，为青年学生之间的交流和联系搭建了重要的平台。我想，这次夏令营安排的文化讲座和徽文化考察活动，将让大家充分领略安徽的自然风光，体验安徽的人文风情，加深相互间的交流和友谊。

"青山一片共云雨，明月何曾是两乡"？安徽与台湾之间的交流源远流长，近年来，我省与台湾之间的教育合作交流发展势头良好，我们和台湾高校共同举办的"两岸高校人事管理研讨会"已经举办了五届，今年11月在台湾艺术大学将举办第六届研讨会。我们也多次举办台湾青年学生中华文化研习营，海峡两岸大学生各类夏令营、冬令营活动。合肥工业大学、安徽大学、安徽财经大学已经选派同学到台湾的高校进行课程学习。这些教育交流活动积极推进了两岸，特别是皖台之间的交流，增进了双方的友谊，也促进了两地的经济、文化的发展。下个月4号，合肥与台北就要实现直航，这是安徽和台湾交流史上又一件大事，它将进一步拉近两地的距离，使两岸的交流往来更加频繁。

最后，衷心地祝愿这次由省台办和省教育厅共同举办的两岸学子交流活动圆满成功！祝愿台湾各位老师和同学们在安徽期间学习愉快、旅途平安！

谢谢大家！

扎西得勒

——藏历铁虎新年合肥三十五中联欢会致辞

今天是藏历铁虎新年初一，同时也是农历正月初一，门外是冰天雪地、寒气逼人，而我们三十五中却是欢歌笑语、春意融融。在这双节合一的喜庆日子里，我谨代表省委教育工委、省教育厅向同学们、老师们、向远在西藏的家长们、也向各位来宾们致以节日的问候和最诚挚的祝福：新年快乐，扎西得勒！同时，也借此机会向远在铜陵五中、芜湖田家炳中学学习的西藏高中班全体师生致以节日的祝福：新年快乐，扎西得勒！

"每逢佳节倍思亲"，同学们，你们的父母怀着深情厚爱把你们送到内地，这时候也一定在牵挂着你们，正在为你们祈祷祝福，有的父母和亲人，还千里迢迢赶到合肥，陪伴着你们度过新年，让我们对着远方的父母亲人和来到身边的父母亲人送上我们最深情的祝福：感谢你们！祝你们新年快乐！扎西得勒！

孩子们，你们是幸福的，自从来到合肥三十五中，我们的老师们、学校的领导们始终陪伴在你们身边，每年的除夕和正月初一和同学们一起共度佳节已经成为合肥三十五中西藏班全体教职工新的过年方式，三十五中已经成为同学们和老师们共同的大家庭，老师们给了你们无私的爱，让我们为我们的老师送上最真挚的祝福：谢谢你们！祝你们新年快乐，万事如意！

孩子们，你们也是幸运的，党和政府把你们从遥远的西藏选送到内地进行培养教育，对你们寄予了无限期望，你们的前途是远大的。每年藏历新年，安徽省委省政府、合肥市委市政府、蜀山区委区政府以及各有关部门的爷爷、奶奶、叔叔、阿姨们都要来看望同学们，和我们共庆新年。充分体现了党和政府对我们西藏班同学的关心、对西藏建设发展的关心、对西藏未来的关心。今天，让我们也对我们的祖国道一声：新年好！

我们的三十五中是好样的。自2001年承办西藏班以来，学校领导班子和广大教职员工便将全部身心投入到了西藏学生身上，本着爱、严、细的管理原则，在学生教育和生活上给予了无微不至的关怀，学校形成了良好的校风、学风和教风，教育质量不断提高，校容校貌发生了巨大变化，教育经验在全国内地西藏班中独树一帜，被称为"合肥三十五中现象"。2005年以来，毕业生中考总平均成绩连续保持在全国内地西藏班前列，2007—2009年更是连续取得全国第一名的好成绩，受到了教育部、西藏教育厅及西藏学生家长的充分肯定。合肥三十五中已经成为安徽省在西藏的一个靓丽的窗口，为安徽省教育援藏工作、为我国民族团结工作作出了不小的贡献。这对办学仅7年、起点比较低的合肥三十五中来说是非常了不起的，凝结了三十五中西藏班老师们辛勤的汗水，凝结了西藏班同学们的勤奋努力，这是三十五中的辉煌，也是我们安徽省的骄傲，我为你们感到由衷的自豪！在此，我向为培养西藏班的孩子们、把全身心都奉献给了西藏班教育事业的三十五中全体教职工们表示崇高的敬意和衷心的感谢！

在新的一年里，希望合肥三十五中再接再厉，不断总结成功经验，进一步提高学校办学水平和质量，为全国教育援藏工作再作新贡献。祝福合肥三十五中西藏班的同学们生活愉快、学习进步、健康成长！祝福合肥三十五中全体教职工工作顺利、身体健康、万事如意！

谢谢大家！

2010 年 2 月 12 日

去那遥远的地方

——首批优秀教师赴新疆对口支教欢送会致辞

今天我们在这里隆重欢送首批 30 位优秀教师赴新疆皮山县对口支教。

新疆是我国重要的边疆民族地区，在维护国家统一、保持国家安全稳定方面具有十分重要的战略地位。优先发展教育是实现新疆跨越式发展和长治久安的根本大计。教育援疆作为对口支援新疆的一项重要工作，是贯彻中央关于新疆工作决策部署，发挥社会主义制度优越性，实现各民族共同团结奋斗、共同繁荣发展的重要举措。加强教育援疆工作，对于落实教育优先发展战略地位，促进内地与新疆的交流合作，增强新疆教育自我发展能力，提高少数民族教育和发展水平，造就一大批服务区域经济和产业发展的人才；对于提升新疆各族群众生活水平和质量，建设社会主义和谐社会；对于增加中华民族、中华文化的认同感，增进中华民族的凝聚力、向心力，构建平等、团结、互助、和谐的社会主义新型民族关系；对于密切内地与新疆各族人民群众的沟通和联系，增进各民族交流交往和交融，促进民族团结进步事业具有极为重要的意义。

根据中央的统一部署，安徽省对口支援新疆和田地区皮山县。皮山县位于新疆维吾尔自治区的最南端，喀喇昆仑山的北麓，塔克拉玛干沙漠的南缘，与印控克什米尔交界，总面积 4.17 万平方公里，总人口 22.92 万人。现有学校 71 所；在校生 37 993 人；其中"双语"班学生人数占到学生总数的 30.17％；学前"双语"班 129 个，幼儿 5 485 人。皮山县教育目前存在的主要困难和问题，一是"双语"教师缺乏；二是高中阶段教育发展滞后；三是办学条件比较落后。

这次我省选派的 30 位支教教师是在个人志愿报名的基础上，经过层层择优选拔上来的，是全省 50 万教师的优秀代表，肩负着全省教育系统师生员工的重托，体现着安徽人民对皮山人民的深情厚意，承载着皮山广大师生的热切期盼。这里，我对大家提几点希望。

一、希望各位老师情系皮山，不辱使命

同志们一定要把教育援疆当作义不容辞的神圣职责，满腔热忱地投身其中，倾注爱心，贡献智慧，挥洒汗水，全力以赴地做好支教工作。要确立大局意识，一切行动听指挥，坚决服从组织安排；要确立责任意识，想问题、办事情、做工作，都要对组织、对当地群众、对皮山孩子负责，务求做细做实做好。同志们在那里工作要整整一年。这就需要大家坚持不懈，吃苦耐劳，经得住考验，耐得住寂寞，无论遇到什么困难，都要坚定信念，奋发进取。

二、希望各位老师加强学习，勤勉工作

同志们远离家乡，远离亲人，到一个陌生的地方从事教学，肯定会遇到许多新情况、新问题，大家必须加强学习，与时俱进，尽快适应。要向当地的干部群众学习，了解当地的历史及风土人情；要向当地的教师学习，主动与当地师生打成一片；要向支教队的同仁学习，加强沟通和交流，做到互帮互助。在工作中要全面贯彻党的教育方针，大力实施素质教育，积极推进教学改革，做到静下心来教书，潜下心

来育人，关爱每一名学生，关心每一名学生的成长进步，以真情、真知教育和影响学生，不断促进学生全面发展。

三、希望各位老师增进交流，维护团结

皮山县位于祖国的边陲，是一个以维吾尔族为主体，汉族、塔吉克族、柯尔克孜族等 12 个民族聚居的边境县。同志们到少数民族地区工作，必须注意搞好团结。首先要搞好民族团结，准确把握党的民族、宗教政策，尊重当地民族风俗习惯，不说伤害民族团结的话，不做伤害民族团结的事，主动搞好与各族干部群众之间的团结。要摆正位置，自觉接受当地教育部门和受援学校的领导，尊重当地的干部和教师，善于与人合作共事。要增进交流，发挥受援地与选派地之间的桥梁与纽带作用，促进相互交流与合作；要保持与派出学校、上级教育部门的联系，重大问题要及时请示汇报，争取指导、支持和帮助。

四、希望各位老师严于律己，行为世范

同志们在皮山的生活和工作环境比较艰苦，需要付出比平时更大的努力和更多的辛劳。大家是第一批赴皮山的，开好头、起好步尤为重要。教书者必先强己，育人者必先律己。要时刻意识到，我们的一言一行、一举一动都代表了安徽教师的思想觉悟、业务水平和行为规范，要严格遵守支教工作纪律和受援学校规章制度，自觉做到"自尊、自重、自警、自励"，以高尚的师德、精湛的业务、优质的教学、无私的爱心，树立安徽支教教师的良好形象。

全省各级教育行政部门和学校要高度关心对口支教工作，要大力宣传对口支教工作的重要意义和支教教师的先进事迹，要在全社会营造支教重要、支教光荣的浓厚氛围。支教教师派出的市县教育部门和

学校要把支教工作摆在重要议事日程，主要负责同志要亲自过问，要为支教教师办实事、解难题；要按照政策认真落实支教教师的有关待遇，关心支教教师及其家属子女，解决他们工作和生活中遇到的困难，并形成定期看望制度。要真正做到在政治上关心到位、工作上支持到位、生活上照顾到位，切实消除支教教师的后顾之忧。

援疆使命光荣，任务艰巨，责任重大，踏上充满希望与挑战的征程。相信大家一定能够牢记使命，振奋精神，勤奋工作，自觉奉献，为贯彻落实党中央国务院和省委省政府的重大部署，加快皮山双语教育工作作出应有的贡献！

教师节就要到了，祝各位老师节日愉快，并祝大家工作顺利、身体健康、一路平安！

教育路上行与思

游　于　艺

——省教育学会书法教育专业委员会第二届会员代表会致辞

第三辑　致辞与书信

首先，作为一个教育工作者和一个书法爱好者，我热烈祝贺安徽省教育学会书法教育专业委员会第二届会员代表会议暨书法教育理论研讨会的隆重召开。

书法艺术是我国优秀传统文化的重要组成部分，堪称世界一绝，在源远流长的中华民族历史上起到了交流信息、传递知识、陶冶情操、提高民族素质的重要作用。在广大青少年学生中倡导和训练书法，一是使其写好字；二是帮助其做好人。所谓写好字，就是一个人的字首要写得正确，使人认识，从而起到交流的作用；其次要写得端正，就是俗话说写得漂亮，在交流的同时给人以美的享受。所谓帮助其做好人，这是深一层的意思了，书法训练的过程，应当说是一个人素质培养的过程。例如，书法要求心情专一、心无旁骛。那么，你在写字中形成这种品质，就不仅有益于写字，可以说有益于终身；再如，写字要求持之以恒，所谓水滴石穿，你在写字中形成的这种品质，无疑有益于毅力和恒心的养成。引申一层说，写字也是对美的追求过程，你要写得好看，你就得会区别什么是好的、什么是不好的；你要写得好看，你就得学会创造美。年纪大一点的人，可能还有个体会，那就是书法可以陶冶性情。忙忙碌碌一天，晚上到家，在自己不大的书斋里铺开雪白的宣纸，闻着淡淡的墨香，万虑澄清，心旷神怡，进行自己的创作，可以说是一种艺术享受吧。孔子在谈到人的文化修养时提出："志于道，据于德，依于仁，游于艺。"就是说人生对于道、德、仁、艺这四种文化思想上修养的要点都要懂，具备这些要点，才叫学问。其中如没有"游于艺"，知识学问不渊博，人生就枯燥了，足可见艺术修养的重要性。有人说现在键盘打字将逐步取代传统书法，我不以为然，键盘打字可以取代传统书法的书写功能，但传统书法的审美、陶冶性情的功能是无法取代的，因为那是一种文化。

教育路上行与思

书法教育专业委员会倡导推广书法的作用是其他方面无法替代的。因为它不等同于社会上的艺术团体，书法教育的任务主要是面向教学，面向学生，教书育人，重在育人。是充分发挥书法艺术内在的教育功能，使之在学生的德育、智育、美育等方面发挥应有的教育作用。书法教育专业委员会的成员多来自教学第一线，他们是教育工作者，又是书法爱好者。我到下面检查工作时常到学校包括一些地处偏僻乡村的学校，在学校的板报上或者通知栏里，常会看到写得很好的字，这常常令我肃然起敬，可谓："深山藏古寺，大泽走龙蛇。"我想有这样一支队伍，有安徽省教育学会书法专业委员会这样一个平台，大家研讨书法教育理论，指导学生书法实践，一定会使我省书法教育的水平不断提高，一定能更好地发挥书法艺术内在的教育功能。

因为必须参加厅里的一个重要会议，未能到这个会上来，本不宜再发言了。但汉杰会长嘱咐我说几句。汉杰会长是我的老领导，我想恭敬不如从命，就说了以上的话，不妥处请汉杰会长并大家指正。

向国际青少年信息学奥林匹克竞赛获奖者致敬

——国际青少年信息学奥赛金牌获得者周东同学表彰会致辞

今天，芜湖市政府在这里隆重召开会议，表彰荣获国际青少年信息学奥林匹克竞赛金牌的周东同学。

周东同学在今年举办的第 20 届在国际青少年信息学奥林匹克竞赛中不负众望，在强手如林的赛场上勇夺金牌。这是继芜湖一中周源同学获得第 17 届国际信息学竞赛金牌、安师大附中杨弋同学获得 19 届国际信息学竞赛金牌之后的又一块金牌，充分表现了芜湖市青少年热爱科学、勇于进取、敢为人先的精神风貌。在此，我代表省委教育工委、省教育厅向周东同学表示热烈的祝贺！向高度重视信息技术教育和信息学奥林匹克竞赛的芜湖市教育局、向辛勤培养选手的学校，向周东同学的指导老师、家长表示衷心的感谢！

信息学奥林匹克竞赛是世界五大中学生奥林匹克学科竞赛之一，其目的是普及青少年特别是中学生计算机知识，强化科技创新意识，培养计算机科学后备队伍；其宗旨是在青少年中宣传计算机应用的重要意义，促进中小学信息技术教育，为中学生提供计算机学习和交流的平台。信息学奥赛既是计算机应用能力的比赛，也是培养学生情感的新文化，对培养学生在现代信息环境下的良好价值观、道德观；对培养学生分析问题和创造性解决问题的能力；对增强学生自主学习的意识和能力，促进学习方式与教育方式的变革；对教育思想和教育观

第三辑 致辞与书信

念的更新，都具有积极的作用。

芜湖市信息技术教育起步早，拥有广泛的群众基础和一支甘于奉献的、优秀的计算机辅导教师队伍，形成了系统的教育教学机制和良好的社会环境。近年来，全市青少年信息学奥赛的组织实施和管理日益规范，参加竞赛活动的学生和学校进一步增多，青少年学习计算机的兴趣更加浓厚。不仅竞赛总体水平在全省一直处在领先地位，同时也大大促进了中小学信息技术教育教学。

希望在芜湖市各级教育部门乃至学校在芜湖市委、政府的正确领导下，一是继续大力宣传信息学奥赛对提高学生的科技素质、培养学生的创新精神和实践能力的重要意义，积极争取各有关部门和社会各界的理解和支持，为开展这项活动创造良好的环境和条件。二是要加强对竞赛活动的管理，健全完善竞赛的相关制度，同时不断改进工作方式方法，提高活动的效益、质量和水平。三是坚持提高与普及相结合的原则，把面向全体学生开展中小学信息技术教育教学作为基础。要面向全体学生开展竞赛活动，要动员所有学生积极参与活动过程，要通过竞赛提高中小学信息技术教育教学水平，提高全体学生的计算机知识水平和应用能力。

近年来，芜湖市青少年信息学竞赛可谓捷报频传、硕果累累。在此，我们祝愿芜湖市青少年信息学竞赛百尺竿头，更进一步，在全国和国际竞赛中取得新的成绩，为国家、为安徽省赢得新的荣誉。

谢谢大家！

书写经典　传承文明

——首届全国大中小学生规范汉字书写大赛安徽赛区复赛致辞

为了贯彻落实《中华人民共和国国家通用语言文字法》推行规范汉字的要求，提高广大学生规范汉字书写能力，培养青少年对祖国文字和书法艺术的感情；为弘扬中华优秀传统文化，构建中华民族共有精神家园作出积极贡献。首届全国大中小学生规范汉字书写大赛安徽赛区复赛今天在这里举行。我代表省语委、省教育厅对通过层层选拔、进入今天复赛的同学们表示衷心的祝贺和热烈的欢迎！

同学们，这次大赛的主题是"书写经典，传承文明"。中华经典诗文中蕴涵的热爱国家、热爱人民、热爱生命、热爱大自然的精神，是我们世世代代饮之不竭的文化甘泉，书法艺术是中华传统文化中的瑰宝，文字本是用来记录语言传达思想的工具，有实用价值，而中国的方块汉字却独具多样变化，在实用价值之外还有高度的艺术价值。

在社会对加强青少年规范书写的呼声日益高涨的今天，"首届全国大中小学生规范汉字书写大赛"的举办，既具有现实意义又具有深远的历史意义。我们相信通过这项活动的开展，一定有助于我国汉字文化的传承和发展，一定能够吸引更多的青少年进一步认识了解和传承祖国的优秀传统文化。

学习经典、诵读经典、书写经典的过程是复兴中华文明的过程。作为中华文化的重要载体和组成部分，汉语汉字正显示出巨大的活力和凝聚力。在复兴中华文化的历史进程中，我们需要进一步提升全社会语言文字应用水平，以语言文字的规范、发展提升中华文化的影响力和感召力，以中华文化的继承弘扬增强语言文字的生命力，使语言文字和文化互为载体共同提升国家文化软实力和文化生产力，这是时代赋予我们的光荣使命。

本次大赛，我省有近十万名大中小学生参加，省语委办在规定时间内收到各市各校选送的作品374件，从中遴选出107位同学进入今天的复赛。通过今天的现场复赛，要选出100幅作品报送国家语委，优秀选手将代表安徽参加全国总决赛。在此，也预祝选手们取得好的成绩。

同学们，让我们与经典同行，与圣贤为友，在书写中亲近经典，在亲近中热爱中华文化，在热爱中弘扬中华文明，共同建设我们的精神家园！

最后，祝本次大赛圆满成功！祝同学们学有所长，成为社会的栋梁！

谢谢大家！

对高校书法教育和研究的期望

——淮北煤炭师范学院书法艺术教育研究所揭牌仪式致辞

很高兴参加淮北煤炭师范学院书法艺术教育研究所揭牌仪式！

书法艺术是我国优秀传统文化的重要组成部分，堪称世界一绝，在源远流长的中华民族历史上起到了交流信息、传递知识，陶冶情操，提高民族素质的重要作用。今天，虽然键盘打字逐渐代替了笔墨书写，但是书法所具有的特殊的欣赏功能却越来越引起人们的重视。不仅我国，在日本、韩国乃至在欧美国家都受到了普遍的欢迎。在我国，随着物质生活水平的提高，人民群众对精神文化的需求日益强烈。因此，胡锦涛总书记在党的"十七大"政治报告中强调指出：要"兴起社会主义文化建设的新高潮"。书法艺术作为中华民族优秀文化的重要组成部分，也必然会得到大发展、大繁荣。在这种大好形势下，淮北煤炭师范学院在全省高教领域，率先成立了书法艺术教育研究机构，并于今年招收了书法艺术教育研究生，首开我省高等书法艺术专业教育之先河。在此，我代表省教育厅对淮北煤炭师范学院的首创精神和为此而付出的艰苦劳动，表示衷心的感谢！对给予这项工作以大力支持的首都师范大学中国书法文化研究院、安徽省文联、省书协、中共淮北市委、市政府及市文联、市书协等单位的领导和同志们致以崇高的敬意！

同志们、同学们！书法艺术教育研究所成立了，这只是书法艺术事业的第一步，今后要做的工作还很多。借这个机会，我代表省教育厅讲几点意见和建议，供同志们参考。

一是要树立正确的书法艺术教育理念。坚持社会主义文艺方向，坚持为社会主义服务、为人民服务的"二为"方针和"百花齐放，百家争鸣"的"双百"方针。

二是树立正确的艺术继承观和创新观。中国书法艺术既有源远流长的优秀传统，又需要在新时期有新的发展和创造，如何在教学和研究的过程中科学地将二者结合起来，需要我们认真探讨和把握。

三是树立正确的艺术价值观，坚持以育人为本。高等学校的书法艺术研究机构，不完全等同于社会上的艺术团体，其任务除适应社会需求，提供必要的社会服务以外，主要是面向教学、面向学生、面向未来，要充分发挥书法艺术内在的教育功能，使之在大学生的德育、智育、美育等方面发挥应有的教育作用。

四是树立科学的发展观，不断加强研究机构和研究人员自身的建设。一个新生事物的出现，有其自身的发展规律。作为高等学校书法艺术研究机构，要主动研究当代书法艺术的发展规律，及时捕捉书法艺术的发展信息，对外加强联系，对内搞好协调，尽快使硬件、软件两方面都能逐步完善起来，尽早实现王磊院长刚才在报告中提到的奋斗目标。在这方面，省教育厅将在可能的情况下，尽力给予支持！淮北煤炭师范学院的书法艺术教育研究所办好了，对全省高校的书法艺术教育，乃至对全省中小学的书法艺术教育，都将会起到推动和促进作用。从这个意义上说，书法艺术教育研究所的成立，不仅是淮北煤炭师范学院的事情，也是全省教育的事情。因此，我们衷心祝愿它更快地成长起来、完善起来，尽快成为全省书法艺术教育的一个重要基地！

最后，预祝揭牌仪式圆满成功！

祝全体与会的同志们、同学们，身体健康，学习进步，工作顺利！

谢谢大家！

高人清品与山齐

——怀念张涤华先生

今天，我们在这里隆重聚会，纪念著名语言学家、文献学家、原安徽师范大学中文系主任张涤华先生诞辰一百周年，以此缅怀先生的毕生业绩和崇高风范，表达对先生深切的怀念之情，继承和弘扬先生的教育思想和学术精神。借此机会，我谨代表省教育厅对张涤华先生为我省乃至我国教育事业做出的突出贡献表示最崇高的敬意！对参加会议的各位老师、各位来宾表示亲切的问候！

在纪念张涤华先生诞辰一百周年之际，我们缅怀张涤华先生的毕生业绩和崇高风范。先生"传道、授业、解惑"，无限忠诚于教育事业。从 1932 年在亳县初中任语文教师到 1992 年离开我们，先生从事教育教学或教学研究整整 60 个春秋；从 1946 年在安徽师范大学前身国立安徽大学中文系任教到 1992 年离开我们，先生作为令师大人永远为之骄傲的学者群体的一员，在师大从教近半个世纪；从农村初中教学起步，经历小学、初中、高中、大专、本科院校，先生步履走遍普通教育的各个学段；从一名年轻普通教师，到讲师、到副教授、到教授，拾级而上，直至国内著名教授学者，道德文章与时俱进。"三思方举步，百折不回头"，先生可谓为教育事业鞠躬尽瘁，死而后已。先生治学严谨，著述宏丰。作为教师，爱生如子，循循善诱，诲人不倦，为安徽省各条战线尤其是教育战线培养了一大批本科中文专业人才；作为学者，潜心学术，精益求精，著作等身，成果涉及目录学、词典学、现代汉语、古代汉语、中国文学等众多领域，且论著材料翔实，持论公允，论证严密，富有创见，在学术史上占有重要地位；作为管理者，他呕心沥血，殚精竭虑，求真务实，致力于建章立制，使时任职的安师大中文系的各项事业取得了长足的发展。"智者虚怀如水净，高人清品与山齐"，先生克己奉公，谦虚谨慎，宽厚待人，为人师表，无论是作为一名教育工作者，或是作为全国人大代表、省人大常委、国务院"有突出贡献的专家"称号、国务院特殊津贴享受者，先生一以贯之，深受同事敬重和学生的爱戴。

在纪念张涤华先生诞辰一百周年之际，我们比以往任何时候都进一步感受到教师对于教育之重要，教师对于人才培养之重要。张涤华先生离开我们有近 20 年的时间了，这些年来，教育发生了巨大的变化，就基础教育而言，"上学难"问题已经成为过去，随之而来的是"上好学校难"，接受优质教育的呼声愈来愈高，优质教育资源短缺问题凸显，优秀教师队伍建设迫在眉睫。2009 年 9 月 4 日，温家宝总理到北京市第三十五中学作了一次关于教育尤其是教师的重要讲话。总理强调百年大计，教育为本；教育大计，教师为本。如果说教育是国家发展的基石，教师就是基石的奠基者。如温总理 2007 年 5 月 14 日在同济大学的演讲中指出的："一所好的大学，不在高楼大厦，不在权威的讲坛，也不在那些张扬的东西，而在有自己独特的灵魂，这就是独立的思考、自由的表达。要通过讨论与交流，师生共进，教学相长，形成一种独具特色的学术氛围，并不断完善和发扬，影响越来越多的人。这样，真正的大学就形成了，就会有一批有智慧的杰出人才出现，整个国家就有了希望。"总理的讲话发自肺腑，求贤若渴。我们当有危机感、使命感、紧迫感，刻不容缓地高度重视教师队伍建设。使广大教师努力做到胡锦涛总书记提出的爱岗敬业、关爱学生；刻苦钻研、严谨笃学；勇于创新、奋发进取；淡泊名利、志存高远。做到静下心来教书，潜下心来育人，努力做受学生爱戴、让人民满意的教师。

云山苍苍，江水泱泱；先生之风，山高水长。让我们秉承先生的遗志，发扬先生的精神，把我们教师队伍建设得更好，把我们的教育办得更好！

谢谢大家！

2009 年 10 月 31 日

坐下来读书，静下来思考，敞开心扉交流

——安徽省第三期高（完）中校长高级研修培训班开学典礼致辞

借在安徽省第三期高（完）中校长高级研修培训班开学典礼的机会向学员提几点要求。

坐下来读书。不要以我忙为理由，刚到校，就琢磨怎样请假。相信缺了谁"地球照样转"，而且"一点也不慢"。一个单位在任何情况下都能保持正常运转，是成熟的行政机构的标志之一。

静下心来思考。胡锦涛总书记"8·31"重要讲话对教师队伍建设提出殷切的期望，其中提到："静下心来教书，潜下心来育人。"

敞开心来交流。做到："知之为知之，不知为不知"；做到"弟子不必不如师，师不必贤于弟子"。要研究一些问题。研讨无止境，执行有纪律。校长论坛是一种很好的交流与讨论形式。

学以致用。记住："书上得来终觉浅，绝知此事要躬行。"

要严格执行学校的纪律。不要以我都懂。你懂你来讲，你讲得好就算你懂了。现在是想写书的人多，想读书的人不多；想讲的人多，想听的人少。

我的祝福

——写于《新安晚报·新安教育》创刊 3 周年

教育是重要的，古人云："十户之村，不废诵读"，今人说："百年大计，教育为本"；现代传媒的力量是巨大的，教育的法规、政策、信息、理念、方法随着传媒的巨大翅膀瞬间传遍万户千家。教育与现代传媒结合，以其巨大的、无形的力量融入、影响、改善人们的思想、生活，正因为如此，我们教育工作者和传媒人的使命就是以高度的社会责任感和客观公正之心，把真的、善的、美的教育奉献给社会和大众。3 年来，《新安教育》以其深度报道展示教育生活的真谛。在她 3 岁之际，我们衷心祝愿她更上一层楼。

特级教师皖北行

——2009 年省特级教师讲师团赴皖北巡回讲学开幕式致辞

借 2009 年省特级教师讲师团赴皖北巡回讲学开幕之际讲四个问题。

一、巡回讲学干什么

省教育厅请来最好的教师为太和等县教师讲课。讲师团由 23 位特级教师组成，老师来自全省各地。上课方式为："上一堂示范课——作一场学术报告——做一次互动式研讨。"主要内容为课程改革、课堂教学、班主任工作、校本教研和教师专业发展、考试与评价等，示范课覆盖小学、初中和高中三个学段的相关学科。让大家看最好的课，听怎样才能上最好的课。

大家也许会问，为什么把教师送教办得如此重要，又不是送钱，又不是送项目。

为什么呢？百年大计，教育为本；教育大计，教师为本。经费的投入对教育固然是重要的，但真正决定教育质量的还是人、还是教师。在我们教育经费严重短缺的时候，我们盼望有钱甚至认为只要有钱教育的一切问题就会迎刃而解，但当我们教育经费逐步缓解后，我们会逐步认识到，不是所有问题有钱就能解决的，人的素质的提高远比经济发展艰难。

二、巡回讲学为什么

2009年9月4日，教师节前夕，温家宝总理到北京市第三十五中学看望师生。上午在二(5)班听了5堂课，中午和同学们一起吃了饭。

总理日理万机，为什么花半天的时间去听初中的课呢。总理说：我们的学生也是很优秀的，在各种国际比赛当中经常名列前茅，许多到国外留学的学生学习成绩也很好。我们出去这么多留学生，也成长了一批人才，充实了各行各业，但确实很少有像李四光、钱学森、钱三强那样的世界著名人才。每每想到这些，我就感到很内疚。教育的根本任务是培养人才，特别是要培养德、智、体、美全面发展的高素质人才。从国内外的比较看，中国培养的学生往往书本知识掌握得很好，但是实践能力和创造精神还比较缺乏。这应该引起我们深入的思考，也就是说我们在过去相当长的一段时间里比较重视认知教育和应试的教学方法，而相对忽视对学生独立思考和创造能力的培养。我觉得要培养全面发展的优秀人才，必须树立先进的教育理念，敢于冲破传统观念的束缚，在办学体制、教学内容、教育方法、评价方式等方面进行大胆地探索和改革。我们需要大批有真知灼见的教育家来办学，这些人应该树立终身办学的志向，不是干一阵子而是干一辈子，任何名利都引诱不了他，把自己完全献身于教育事业。

总理对教育提出四条要求：第一，教育要符合自身发展规律的要求。第二，教育要符合时代发展的要求。第三，教育要符合建设中国特色社会主义对人才的要求。第四，教育要符合以人为本的要求。总理对教师提出三点要求：一要充满爱心，忠诚事业；二要努力钻研、学为人师；三要以身作则，行为世范。

就我们省而言，已在全省全面实现"两基"，义务教育阶段人人有学上；1996年以来普通高中教育和职业教育得到大发展，初中生升入高中阶段达70%以上；2009年，高中生升入高校的达57%，高等教育已经实现大众化。由此可见"上学难"不再是突出问题，而难在老百姓孩子要"上好学校"的要求得不到满足，教育教学质量亟待提高。近些年来，我们先后实现了以县为主的管理体制改革，义务教育经费保障机制改革、义务教育阶段绩效工资改革，一直困扰我们的办学经费短缺和教师待遇偏低问题得到有效缓解，为我们静下心来教书、潜下心来育人提供了保障条件，所以说，加强教师队伍建设，提高教育质量是我们当前的首要任务，这就是我们把教师队伍建设看得如此重要、把提高教学质量看得如此重要、把课堂教学看得如此重要、把送教上门看得如此重要的原因所在。

三、为什么先到皖北

理由是北方地区人口众多，自然灾害频仍，教育发展的经济基础较差，教育发展相对滞后；北方教育规模上得快，教师队伍相对不足，这制约教育质量的提高；北方地区教育是全省教育的重要组成部分，北方地区教育上不去，全省教育难以整体上提高。

通过培养、培训和支教、送教相结合的形式（实施教师特岗计划、实施紧缺学科教师培训计划、实施优质教育资源输送计划等），加强农村尤其是皖北地区农村的教师队伍建设，是贯彻落实省委省政府及省教育厅整形皖北计划的重要举措。

四、如何教和学

（一）如何学

《礼记·中庸》道："博学、审问、慎思、明辨、笃行。""博学"为学的第一阶段。意为学首先要广泛的猎取博大和宽容。"审问"为第二阶段，有所不明就要追问到底，要对所学加以怀疑。"深思"是问过以后还要通过自己的思想活动来仔细考察、分析，否则所学不能为自己所用。"明辩"为第四阶段。学是越辩越明的，不辩，则所谓"博学"就会鱼龙混杂，真伪难辨，良莠不分。"笃行"是为学的最后阶段，就是既然学有所得，就要努力践履所学，使所学最终有所落实，做到"知行合一"。这里已经把"学"讲的很明白，我就不再赘述了。

（二）如何"教"

《礼记·学记》道："学然后知不足，教然后知困。知不足，然后能自反也；知困，然后能自强也。"说的是学习然后才知道自己的不足，教授然后才知道自己的困惑，知道不足然后才能自我反省，知道困惑然后才能自强。所以说教与学是相互提高的；要教学相长。这里提出个"教"的问题，说教授然后才知道自己的困惑，然后才能自强。就是说这个教学过程不仅对学的人重要，对教的人也很重要，教的人也可以从中学到东西。这应当是"教学相长"了。

2009 年 10 月 19 日于太和县

万事开头难

——给我的研究生的信之一

胜利同学：

你好！你被推荐为芜湖市优秀教师的信息令我欣喜，但是你的"开题报告"却令我头痛。

我花了较多的时间熟悉、思考、修改你的"开题报告"，现在把修改后的"花脸稿"发来。你不要急于作具体的修改，先是认真地看一看、想一想为什么做这样的修改，明白我修改的意图；同时我还希望你从网上找几篇"开题报告"范本看一看，然后在我修改的基础上按照我下面的意见和建议予以完善。

首先，题目对写论文自然很重要，因为论述将要紧紧围绕论题展开。一般说，论题要鲜明、要清晰（因为概念不清必然导致思维混乱），且论题的表述在整篇论文里要一致，因为不一致容易产生混乱。但你的"开题报告"中涉及所论述的问题表述前后不统一，据不完全统计就有"合作教学操作流程""普通高中课堂合作教学操作流程""规范合作教学流程""合作教学操作程序""普通高中课堂合作教学的规范流程"等几种。我希望你进一步明确你的论题，并且在整个开题报告里统一起来。

其次，你要进一步理顺你的开题报告的结构。开题报告也就是研究方案，是实施研究前写成的关于整个研究的重要性、必要性、可行性的论证以及对研究内容和整个过程的构思、策划和安排。一般课题研究的开题报告应该包括问题的提出、研究的主要内容与基本思路、研究的重难点和创新点、研究的主要方式方法、主要参考文献、时间进度安排。希望你按照这样的逻辑关系再理一理开题报告的结构。

再次，你得丰富你的参考文献。参考文献体现你是不是具备了研究该问题的基础条件，是不是全面深刻把握了该问题研究的基本情况，不可随便罗列一些了事；要体现不同学科、不同时期、不同学派、不同国家的已有研究情况；文献尽量是重要的、经典的、有代表性的。所以你得通过多种形式再查阅一些相关文献。对相关文献要做综述，要作评价，要善于发现其不足，从而体现你相关研究的必要性和研究价值。

最后，是你开题报告中的语言。开题报告中的语言应该是书面语，要规范、严谨、有一定的理论色彩。但你不自觉地把一些口语尤其是一些随意性很强的日常口语夹杂在报告中，使得表述泛化甚至不准确，缺少应有的理论色彩。

你发给我的《合作教学程序初探》倒是不急于看，我们还是先把"开题报告"修改好，俗话说"磨刀不误砍柴工"，你一定要多花点时间做进一步的修改，因为这是下面写好论文的前提和基础。

望你抓紧修改，及时把修改后的开题报告再发给我。

祝

成功！

李明阳
2009 年 8 月 4 日

浓妆淡抹总相宜

——给我的研究生的信之二

光玉同志：

你好！平时事情多，心也难得静，几次拿起，几次放下，一直未改好。这次利用国庆节休息的时间，我静下心来看了你的《普通高中示范学校教师专业发展模式运行机制研究》论文的提纲，并作了修改。现谈以下几点意见。

我修改的指导思想基于 7 月安徽师范大学教育硕士论文提纲审查会议上专家的意见和 8 月我通过网上谈的一些具体意见。

论文题目可选定《普通高中示范学校教师专业发展模式运行机制研究》。如果我没理解错的话，主要研究集中在"运行机制"上，"运行机制"前面定语是"培训模式"、是"普通高中示范性高中"（是不是这样我心里还没底，因为你在不同地方表述不一样），这样便于研究能集中到一点，避免了泛泛而谈。就知识而言，只要一点是真知灼见，便胜于洋洋洒洒的泛泛而谈百倍。因为我们的知识是极其有限的，我们的现有知识还不足以驾驭过于庞大的论题，如勉强为之，势必难以成功，如庄子言，"吾生也有涯，而知也无涯，以有涯随无涯，殆己"！（选自《庄子·内篇·养生主第三》，意思是人的生命是有限的，而知识是无穷的，以有限的生命去追求无穷的知识，就会搞得精疲力竭，既然如此，还去追求无穷知识的人，就只能弄得疲困了）。关于"运行机制"正如你说，我们有话可说，因为一来中国的运行机制有中国特色，不同于其他国家，这就有话可说；二来我们的教师继续教育历史不久，就机制而言更是在建立阶段，所以这也有话可说。

你的论题一旦确定，在提纲里及其今后的论文里必须一以贯之，就是说论题的内涵、外延及概念的表述都必须是一致的。但在"提纲"里没做到这一点，前后表述不一致（上面我已谈到），我作了修改并予以规范，希望你认识到这一点，同样的错误不要犯第二次。

另外，在"提纲"里，漏字、别字、错字、多字的现象也存在，我想可能是替你打印的同志造成的，但即使别人打印的材料，自己也应认真校对，不可出技术方面的低级错误。

我发给你的是"花脸稿"，这样便于你看清我修改的地方、理解我修改的意图。

虽然我分管全省的中小学教师队伍建设，从实践和政策层面对包括教师继续教育在内的教师队伍建设有诸多体会，但是，从理论角度探讨、以论文形式表述对我来说与专家学者比尚有差距。以你而言，也看了不少相关材料，"是故弟子不必不如师，师不必贤于弟子"（韩愈《师说》），如我讲得不妥地方、对你本意未理解地方，你一定要告诉我，以便再研究、再探讨，求得共识，得出正确答案。

祝

节日快乐！

2008 年 10 月 1 日

第四辑　序言与随笔

《庐阳教育》卷首语

　　合肥市永红路小学承办第 12 期《庐阳教育》，岳彩莲校长约我写篇卷首语。我想，《庐阳教育》是面向庐阳区初中和小学的教育刊物，所以借此与校长、老师谈谈义务教育均衡发展的话题。

　　为什么要推进义务教育均衡发展呢。这是由义务教育的三个基本性质之一的义务教育统一性决定的。公益性、统一性和义务性是义务教育的三个基本性质。公益性，就是明确规定"不收学费、杂费"，公益性和免费性是联系在一起的。义务性又叫强制性，就是说让适龄儿童、少年接受义务教育是学校、家长和社会的义务，谁违反这个义务，谁就要受到法律的制裁。统一性是贯穿始终的一个理念。统一包括要制订统一的义务教育阶段教科书设置标准、教学标准、经费标准、建设标准、学生公用经费的标准等。凡具有中华人民共和国国籍的适龄儿童、少年，不分性别、民族、种族、家庭财产状况、宗教信仰等，依法享有平等接受义务教育的权利，并履行接受义务教育的义务。简言之，就是凡具有中华人民共和国国籍的适龄儿童、少年，依法享有平等义务教育的权利。这个平等体现在所有的儿童、少年都享受上；体现在教科书设置、教学、经费、建设、学生公用经费的标准的统一上。近年来，我省在城乡普及了九年义务教育，每个孩子都能接受九年义务教育；建立了义务教育经费保障制度，从今年春季开始我省城乡义务教育阶段的每个孩子都不用交学费了；实施中小学危房改造工程，农村学校办学条件得到了很大的改善；实施农村远程教育工程和多媒体电脑教室建设工程，使优质教育资源向农村传送。但是，全省义务教育阶段学校在师资、校舍、生源、经费方面远未达到统一的标准，城乡之间、校际之间还存在较大甚至很大的差距。我们的目标是用 3 年左右的时间首先解决城区学校的择校问题，然后再逐步推进城乡之间的义务教育的均衡；这是依法治教的需要，也是实施教育公平的需要。

　　在实施义务教育均衡发展中，政府行为至关重要。取得义务教育均衡发展的国家，在推进义务教育均衡进程中，都建立从立法干预到政策和行动干预等国家干预机制，充分体现国家意志和政府责任。坚持政府足额、均衡配置师资；依法保证教育投入；坚持就近入学，是一条成功的经验。作为省会城市的合肥市近两年在这方面力度很大，令人瞩目，其事迹多见报端；前不久，在庐阳区庆祝 2007 年教师节的会议上，区委书记韦弋同志告诉我庐阳区正在实施高质量的教育均衡。另外，我还听说，永红路小学与大洋镇五里拐小学实行共同体学校，有力带动了五里拐小学的发展，永红路小学在学校层面如何实施均衡发展的实践中进行积极而富有成效的探索。借此机会，我对庐阳区以及永红路小学在推进义务教育均衡发展取得的成就表示祝贺！

2007 年 11 月 22 日

合肥四十五中印象

四十五中牵头办一份刊物，希望我写点文字。

　　我是以一个学生家长的身份认识四十五中的。那是 8 年前的事了，孩子在读初二，较之初一，学习内容和难度都明显加大，这时，我特别想强化孩子坚强的品质，因为我知道，坚强的品质对于孩子克服学习上的困难和将来生活上可能遇到的困难都是十分必要的。但是抽象的说教难以奏效，我为此感到困惑。大约在当年寒假的时候，孩子班主任写给孩子的评语令我十分感动，评语的大意是：我发现你表面虽然文静，性格却十分坚强，在班级篮球赛中，你跌倒了，跌得很重，但你自己站起来，而且坚持到胜利。在学习上有这种精神，就会取得优异的成绩……孩子给我看时并未说什么，但从孩子的眼神里我发现，老师对他的关注，老师对他坚强性格的认同，对他影响是很大的。孩子初三年级的班主任，是学校现在的校长，记得中考前的最后一次家长会上，这位班主任在讲完学生中考前各方面应做的准备的所有细节后，谈到自己的学生，谈到每一位孩子的进步，谈到孩子进校的模样，当谈到她的学生即将离开学校时，禁不住泪流满面，哽咽而不能语。我知道，这是一位老师与自己 3 年朝夕相处的学生即将分别真实情感的流露，孩子的成长包含教师太多的艰辛与喜悦……据我所知，四十五中有许多这样热爱学生的班主任，有许多这样热爱学生的老师。我以为爱心和敬业心，是这个学校的一大特色。这让我油然想起过去看过的一部影片里的一句话：只要心诚，石头也能开出花来。是的，爱心、耐心，是我们教育每一个孩子所必备的。

四十五中给我第二个深刻印象是在 2003 年，这一年，突如其来的"非典"使我们学校不得不暂时停课。学生回到家中，较之学生众多的学校，感染机会相对减少，但另一个问题接踵而来，在家中的学生如何学习，如何尽可能少的减少学生学习上所受到的影响。这时教育部门启动了远程教育，也就在这时，四十五中开通了教学网站，及时地为一部分有条件上网的孩子提供了网络教育，四十五中较早开展信息技术教育，通过计算机教育与其他学科的整合以进一步提高教育教学质量我是知道的，但这样及时为学生提供网络教育，为社会提供优质资源，令人始料不及却又万分欣喜，因为在这个特殊时期开通教学网站，不仅反映出一个学校的教学水平、教学现代化水平，更充分体现了一个学校高度的社会责任感。

前不久，我随厅领导到庐阳区检查教育工作，四十五中介绍了自 2000 年以来学校开展的创新教育理论研讨和教学实践，介绍了学校在德育、管理、教学教研等方面创新的实践与总结，成绩显著。我想不断探索，不断实践，与时俱进，创新发展，努力为社会提供优质教育，是四十五中又在攀登的一个新的高峰。

四十五中是一所好学校，她有丰硕的教育成果和良好的社会声誉。合肥地区乃至全省有一批好学校，但这还不够，作为一个具体从事基础教育的工作者，我们将努力建设更多这样的好学校，我们的目标是将所有的学校都建设成为这样的好学校，让学生满意、让家长满意、让人民满意。

《大爱如歌》序言

巍巍荆涂，悠悠涡淮。大禹治水、卞和献玉是淮河文化、怀远人民生生不息的精神源泉，在这片土地上生活的人民尊崇奉献与忠诚的人生信条，在这片土地上呕心沥血常年耕耘三尺讲台上可亲可敬的人民教师，秉承着奉献与忠诚的传统，用自己的生命与激情书写了一曲曲感人肺腑的师爱颂歌。

教育事业是崇高的，这崇高首先是由高尚的心灵铸就。甘于淡泊、甘于平凡，于淡泊中明志致远，于平凡中孜孜以求德业双馨；教育事业是光彩的，这光彩是由青春的热血织染，乐于奉献、勇于进取，在奉献中追求人生的价值，在进取中收获生命的快乐。黑板、粉笔、课堂，点亮多少孩子的眼睛；坎坷、泥泞的求学之路，多少莘莘学子在老师的搀扶与引导下越走越宽。当代著名作家祝兴义、航天精英王宗银、商界巨子史玉柱、中科院院士张本仁、张裕恒……他们都是从这块土地上走出来的学子。怀远县教育局组织编写的《大爱如歌》一书，以平实的手法叙述了教师群体中先进代表的感人故事。书中所述先进人物身上闪耀着许多可贵的东西，这正是教育工作者们需要代相传承的精神瑰宝，是教育事业永葆青春活力的源头活水。

在为本书作序之际，我由衷地想到 5 月 12 日汶川大地震中的教师们，在生死关头，挺身而出，用自己的血肉之躯拼死保护学生的生命；在危难时刻，不顾个人和家人安危，把学生的生命安全放在首位，义无反顾奋力抢救危难中的学生；在困境之中，强忍悲痛，历尽艰险，迅速组织受困学生安全转移，并坚守岗位，迅速投身灾后重建，恢复正常教学。突如其来的特大地震灾害，见证了人民教师的伟大师魂，揭示了人民教师爱与责任的崇高境界，向世人展示了为人师表的精神风貌和崇高的人性光辉，体现了新时期人民教师的光辉形象、崇高师德和时代风范，在全社会产生了极大反响，赢得了高度赞誉，在地震废墟中矗立起令世人景仰的巍巍丰碑。

我希望怀远县教育局积极开展以"学习英雄教师，彰显师德光辉"为主题的师德教育活动，把宣传抗震救灾英雄教师与宣传身边的先进师德典型结合起来，组织一次师德大讨论，开展一次师德征文，开展一次师德演讲，不断把师德教育引向深入。让我们持之以恒地进行师德教育，努力使我们的教师成为人民满意的教师，使我们的教育成为人民满意的教育。

《教海探微》序言

　　宿州市教育局副局长、宿州一中校长周道军与我相识多年，他郑重地将宿州二中生物老师吴立清所著的《教海探微》一书的样稿交给我，希望我能为这本书作序。

　　《教海探微》不薄。翻阅着厚厚的书稿，我感叹吴立清老师的不易。长期工作在教学第一线，备课、上课、批改作业，年复一年，日复一日。在繁忙的教学之余学习、钻研教育理论，结合自己的教学实践致力于教育教学研究，在教学研究中反思得失，在反思得失中总结经验和教训，再把这些经验教训上升到理论层面并形成文字，是给自己以总结，也是给他人以借鉴。我不知道，这一切需要熬多少时日，需要忍受多少寂寞和艰辛。"小雨半畦春种药，寒灯一穗夜修书"，看着、想着，一个勤奋、谦虚、善于思考的中学老师的形象在我眼前逐渐地明晰起来。

　　孔子云："学而不思则罔，思而不学则殆。"应当说，吴立清老师是一个善于学习的人，也是一个善于思考的人。吴立清老师认识到，教师的职业性质决定了教师要不断地学习、追求、进取。"路漫漫其修远兮，吾将上下而求索"，学无止境，好的教师总是不断地学习新理论、新知识，用以指导自己的教学实践；不断地反思完善自己的教学方法，以适应不同的学生；不断地提高自己的教学水平和质量，以满足学生、家长乃至社会的需求。吴立清老师认识到基础教育课程改革对于教师在教育理念上是一次洗礼、在教学方法上是一次革新。于是，不失机遇，自觉地融入课程改革，在游泳中学习游泳，在改革中促进自己专业化成长。从《教海探微》里一篇篇的文章中，可以看到吴立清老师对新课程、新教材较深刻的理解，尤其难能可贵的是他能根据所教学科课程目标、教材和学生实际，灵活巧妙地设计教案，科学地施教，且取得良好的教学效果。如《课改，师生共同成长的绿色平台》《谈生物科技活动在促进青少年全面发展的作用》等文章，将生物课堂教学与科技活动有机结合，构建了"课堂教学—科技教育—科技活动"相互渗透的生物教学新模式，体现了作者对新课改的不断探究精神。《一堂体现知识生成的辩论课》等，改变了传统的课堂教学模式，让学生打开了思维之门，在对问题的激烈辩论过程中，在自主、合作学习过程中，自然而然地生成知识，教学目标水到渠成。《生物课上说"荣辱"》一文虽然短小，但反映作者在教学中能及时捕捉信息，挖掘教材中的情感教育因素，利用现有的教育资源，让学生在情境中接受教育，很巧妙地向学生进行"情感态度价值观"教育。针对课堂教学中如何灵活地运用生活中的实例进行生物教学，使学生在教师创设的情境中有兴趣地进行自主探究学习，作者写出了《新课程教学中的范例教学法例谈》。针对新课改背景下如何评价课程教学，作者提出了《新课程背景下评课评什么》的评课体会。凡此种种，反映了作者对新课改精神的认真学习和较深刻理解；更难能可贵的是，作者把新课改理念融入教学设计的全过程，体现于日常的教学实践活动中。作者平时还注意捕捉教育学生的每一个细节，发表了《要注重学生良好学习素质的养成》、《教师的语言应多些"甜"味》、《把握好惩戒的"度"》等教育感悟之文，在如何教育学生方面给人以启迪。

"四体不勤五谷不分孰为夫子，小疑必问大事必闻才算学生"。从事生物教学已有 20 多年历史的吴立清老师，对生物教学有自己的见解，他认为，只把学生关在教室里死记硬背，不能称为真正的生物学

习；只钻研书本难以灵活地掌握生物知识。他引导学生走进自然、研读自然。他从 2000 年 4 月开始，配合中国科技大学对皖北皇藏峪、大方寺进行生物多样性调查，进行生物课改实践的探索。课改实践活动既锻炼了学生的学习、科研能力，同时培养了学生坚韧的心理素质，增强了学生的环保意识和社会责任感。吴立清老师自己也先后被授予"安徽省优秀科技教师"和"全国优秀科技师"的称号。

"锲而舍之，朽木不折；锲而不舍，金石可镂。"我祝愿，我也相信——吴立清老师将会履行一个优秀教师的使命，不停地学习和实践，不停地耕耘和播种，而将展现在他眼前的，也无疑将是硕果累累的丰收景象！

李明阳
2008 年 5 月 6 日于合肥

学而不思则罔

——《高中多样化与特色化发展实践和思考》序

安徽省教育行政干部培训基地做了一件很有意义的事，将校长班学员关于高中办学的文章结集出版，题名为《高中多样化与特色化发展实践和思考》。"学而不思则罔，思而不学则殆"，这应该是学员们学习与思考的结晶，可喜可贺！

大约是 2001 年我去加拿大参加教育培训。一位来看我的加拿大朋友抱歉地说，他因为带着即将上高中的女儿选学校超出了预定时间，所以比预约时间晚了。我说：高中不是考试录取吗，怎么自己选学校呢？他说：加拿大普及高中教育，且每所高中都有自己特色，上哪所学校由学生自己选。假期，学校会依次向学生展示特色，以有利于学生选择。学生选择的标准是："适合自己的。"这让深深感受到学校为学生服务、教育以人为本的思想。

随着我国教育的改革和发展的深入，"以人为本"的教育理念日益变为现实。2010 年温家宝总理在《求是》杂志发表了题为《关于发展社会事业和改善民生的几个问题》的文章，文章在论述"教育改革发展"的相关问题时，提出不同类型学校领导体制和办学模式应有所不同，不能千校一面，不能用一个模式办教育。教育应当由懂教育的人办，要倡导教育家办学。《国家中长期教育改革和发展规划纲要（2010—2020年）》也明确多样化办学是我国普通高中未来发展的基本任务。

高中多样化与特色化发展的意义是显而易见的，随着高中教育的普及和素质教育的深化会变得更加迫切。但是，高中多样化与特色化发展是一项系统工程，涉及组织领导、体制机制创新、经费保障、队伍建设和建立、健全评价体系诸多方面，首要的当然是加强这方面的学习和思考。《高中多样化与特色化发展实践和思考》从"学校建设和发展"、"素质教育与管理"、"课程与教学改革"、"教师队伍建设"等方面进行了认真研究，算是一个很好的起步了。有句话叫"三思方起步，百折不回头"，我希望校长们把高中多样化与特色化发展实践研究深入下去，校长班把已经兴起的学习研究之风坚持下去。

校长是一所学校的最直接管理者，工作必须务实，所以要"脚踏实地"；校长又是一所学校前行的引领者，必须善于思考，所以要"仰望星空"。"仰望星空，神游四海五洲，求教育之真谛；脚踏实地，爱及每位学子，显我校之特色。"算是我为这届校长班的毕业赠言吧。

2012 年 7 月于合肥

终归大海作波涛

——汪德平书法作品展序言

我认识德平老师很偶然。

在一次书画展上，我一路走来看作品。蓦然，挂在较远处的一个条幅令我眼睛一亮，走近看，是汪德平所书。陪同的同志介绍德平是安徽理工学校的老师，是中国书法家协会会员、省书法家协会理事云云。汪德平——我记住了这个名字。

德平书法是真草、隶、行诸体皆备，尤善楷书和行草。其草书，连绵流转，起伏跌宕，摇曳身姿；其行书，古朴、自然、率真，脱世俗气；其小楷，就每一笔而言，用笔圆转，起止有序；就每一字而言，错落有致，结体谨严；就每一行而言，行次规整，排列整齐，大小匀称；而通观整篇，更显得端正大方，质朴厚重。在其作品前驻足良久，眼前便如浮现一泓清水，在月光之下波光粼粼，熠熠生辉，胸中顿生一片清凉、一片宁静、一片安详。

德平作品外在的形式美和其中蕴涵的宁静安详之气来之不易，"涉笔之初，以颜鲁公为基，继习晋唐及明人小楷，尤喜六朝碑铭，浸淫于《张黑女》《郑文公》《崔敬邕》，行书宗二王一脉，于颜平原《祭侄文稿》《争座位》情有独钟，渐参以米兰宫、王觉斯诸家以壮风骨。而近年来于怀素小草、孙过庭《书谱》及章草《皇象急就篇》《随人出师颂》亦有涉猎"。古代经典大师的书法艺术，是中华民族传统文化精髓中最为耀眼的闪光点，是人工和天然的圆满合一，有着深刻的人文精神和哲学意蕴，美学内涵丰富而纯粹、多变而又和谐。无论从精神层面还是技法层面观照，这些开创一代新风、引领风骚的大师都是高高在上的，他们和日月同辉，引领后人。德平师承古人笃志不移，临池不辍，经年累月，深得古人之神韵，成就显著。

"创新"是书法的至高境界。这因为传统是一个永远运动扩展的疆域，它的精神和灵魂是不断的创造，当代经典作品将随着历史的进程而成为后一时代的传统，变成永恒，正所谓"江山代有才人出，各领风骚数百年"。德平深悟个中三昧，"出古求变，乃臻书法之新境也"（汪德平《自省斋自述》）。德平所追求的"新境"乃"颜底魏面"，即在学颜真卿基础上，再习北朝碑刻，以晋唐为宗，融六朝碑铭意趣，逐步形成沉雄方厚、血肉丰满、结体匀称、婉转圆通、生动洒脱、神采飞扬的艺术风貌。精诚所至，金石为开，细观德平近期作品，可见其追求的书法意境在他的书法创作中日渐显现。

德平是老师。"师者，所以传道授业解惑也"（韩愈《师说》）。教学相长，经年累月的教学既是传道授业解惑的过程，也是德平书法修养、实践、积淀和升华的过程。

德平的书法造诣颇深，多次参加国展，且在全国许多展赛中获奖。察其心，知其"思乎室，感乎衷，行乎笔"，悟性甚高；相其面，有"三思方举步，百折不回头"的执著气，"自无消沉气馁之心，长存铁杵成针之志"；观其字，于同辈中卓然不群。我想，除上述之外，倘更注重以深厚学养以养育书法，其书法未来成就不言自明。

结语之际，谨以香严闲禅师李忱《瀑布联句》赠之："千岩万壑不辞劳，远看方知出处高。溪涧岂能留得住，终归大海作波涛。"

2012 年 4 月 29 日

第三轮中美人文交流
高层磋商及中美省州教育厅厅长对话散记

2012 年 5 月 4 日，第三轮中美人文交流高层磋商及中美省州教育厅厅长对话在北京举行。我作为中方教育代表参加此次会议。

第三轮中美人文交流高层磋商在国家博物馆五楼会议室举行。会议室正面墙上是一个长方形的巨大的电子屏幕，屏幕以天蓝色为底色，像一泓清泉，而"第三轮中美人文交流高层磋商"则以白色的黑体字显现在天蓝色的背景上，庄重且醒目。

中方主要与会人员有：国务委员、机制中方主席刘延东，教育部部长袁贵仁，驻美大使张业遂，国务院副秘书长江小涓，外交部副部长崔天凯，教育部副部长、机制中方协调人郝平，科技部副部长王志刚，文化部副部长赵少华，国家体育总局副局长杨树安，全国妇联副主席孟晓驷，全国青联副主席卢雍政。美方代表团主要成员有：国务卿、机制美方主席希拉里·克里顿，美驻华大使骆家辉，副国务卿、机制美方协调人塔拉·索拉夏恩，白宫科技顾问约翰·霍尔德伦，助理国务卿科特·坎贝尔、安·斯托克，无任所大使梅兰妮·弗维尔，助理帮办詹妮弗·斯道特、李·赛特菲尔德、梅格汉·柯蒂斯、乔纳森·马格尼斯。中方北京等十四个省市教委、教育厅负责人及随员和美方马萨诸塞州等六个州教育厅负责人及随员参加会议。

会议前，大屏幕放映的短片介绍了中美人文交流高层磋商机制建立和前两次会议情况：在胡锦涛主席和奥巴马总统的重视和支持下，两国政府决定建立中美人文交流高层磋商机制，并写入 2009 年 11 月的《中美联合声明》。这是中美关系史上的一个创举，是两国关系发展与时俱进的结果。中美人文交流高层磋商机制成立仪式暨第一次会议于 2010 年 5 月 25 日上午在北京举行。国务委员刘延东和美国国务卿希拉里·克林顿共同担任机制的主席，出席成立仪式并主持会议。刘延东和希拉里分别代表两国政府签署了《关于建立中美人文交流高层磋商机制的谅解备忘录》。第二轮中美人文交流高层磋商 2011 年 4 月 12 日在华盛顿举行。

这次会议由中国国务委员、中美人文交流高层磋商机制中方主席刘延东与美国国务卿、中美人文交流高层磋商机制美方主席希拉里·克林顿共同主持。会议在北京大学中美大学生的无伴奏合唱声中拉开序幕。合唱的两支曲目分别是《你鼓舞了我》（英文歌）和《八骏赞》（中文歌）。《你鼓舞了我》这首流行歌曲由神秘园组合中的罗尔·勒弗兰作曲。曲风励志、感恩，合唱感人至深，间奏的风笛令人沉醉。这首歌最初题为《无声的故事》，是一首适合被钢琴和小提琴演奏的器乐作品，后由爱尔兰小说家和歌曲作家布伦登·格雷厄姆为该曲填词。这首歌在美国被用于纪念"9·11"事件，仅 2004 年，《你鼓舞了我》就在美国的电台上播放了至少 50 万次。2005 年年底，这首歌仅在美国就有 80 个版本，并 4 次获得福音音乐奖包括"年度最佳歌曲"奖项在内的提名。《八骏赞》是蒙古族著名作曲家、音乐制作人恩克巴耶尔的作品。歌曲的引子部分，用很简单的音乐和弦，通过强弱的变化，勾勒出草原的广袤。男高音声部进来之后，采用前八后十六的节奏型来模仿飞奔的马蹄声。全曲采用十六分音符、前八后十六以及附点音符的节奏，带来草原的动感。男高音领唱也是这首作品的特点，利用那高音高亮的音色，抒发了对高原骏马的自豪感。演唱的学生身着布纽扣的中式服装，黑裤白褂，素面朝天，青春、清纯、典雅，增添了演唱歌曲的魅力。

接下来是机制双方协调人汇报工作磋商成果，美方由塔拉·索南夏恩副国务卿汇报、中方由郝平副部长汇报。

中美大学生代表发言很有意思。美国大学生丹尼尔·泰德斯科是个还有些腼腆的大男孩，他用中文讲述他在中国留学的故事。其中讲到他担任上海世博会美国展馆接待员时一天的接待很辛苦，晚上特别想出来吃火锅、喝啤酒，但他终于战胜了自己，晚上坚持在接待岗位上为参观者服务。他说这段经历对他其后的工作有很好的影响。中国大学生周雨婷用英文讲述了个人在美国留学的故事。周说她租住的公寓有来自各国的学生，大家饮食生活各不相同，但是大家做到理解、尊重、包容、融通，她赞扬了美国文化的多元性和包容性。

最后是机制中方主席刘延东国务委员和机制美方主席国务卿希拉里·克林顿致辞。刘延东就加强新时期中美人文交流提出三点倡议。一要推动人文交流纵深发展，使之更好地服务于中美构建21世纪新型大国关系的历史任务。双方应挖掘民间合作潜力，厚植两国合作共赢的社会和民意基础。二要充实人文交流的内涵，使之"源头活水"不断、"细水长流"永远。双方应坚持以人为本、面向民众、注重实效，完善官民并举的格局，为地方特别是基层创造更多机会，使人文交流覆盖更广泛、内容更丰富、形式更多样。三要推动中美人文交流超越双边范畴，使之成为不同国家和谐共处、不同文明融合共生的典范。双方应以开放包容的胸怀、培育共识、增进互信、消弭分歧、化解偏见，为世界不同社会制度、历史文化传统和发展阶段的国家友好合作提供有益启示。刘延东特别强调，中美友好根基在民众，希望在青年，期待更多青年加入到人文交流中来，成为中美关系健康发展的参与者促进者。

希拉里·克林顿在致辞中表示，国与国之间的关系归根结底根植于人民。人文交流是两国关系中富有热情、最有意义的一部分，是外交工作中作用最持久的内容。人文交流对建设合作伙伴关系非常关键，是面向未来的事业，没有一项投资能有如此好的回报。过去两年多双方的努力已经看到了成果。两国应扩大人文交流的途径，消除交流障碍。同时，会聚社会资源，确保人文交流高层磋商机制长期可持续发展。我们正在开创美中新型关系，相信这一关系将决定 21 世纪乃至更长时间的历史发展。

"中美省州教育厅长对话"在威斯汀酒店举行，参加会议人员为中美教育部及有关司局负责人、中美有关省州教育厅长及随员。对话的第一部分为"基础教育的均衡与质量"，由中国教育国际交流协会秘书长江波主持，美国教育部副助理部长杰森·施奈德致辞并做"学校提升资助项目"的发言，中国教育部基础一司司长高洪做"实现教育均衡发展和提高质量的政策与举措"的发言。然后是围绕"基础教育的均衡发展与质量"的自由发言，发言围绕"基础教育的培养目标""基础教育的质量评价标准""构建学生健康成长的基础教育质量检测体系"三个议题展开。会议第二部分为"中美省州教育合作与交流"，由"中国教育部国际合作与交流司司长张秀琴主持，郝平副部长致欢迎词，张秀琴司长发言，美国中小学教育首席官员理事会侯任主席、马萨诸塞州教育厅厅长米切尔·切斯特发言、江苏省教育厅厅长沈健发言、威斯康星公共教育厅厅长安东尼·艾弗斯发言。自由发言围绕"中美友好省州框架下教育交流/消极交流成功案例分享""如何开展符合两国共同需求、更加富有实效的基础教育阶段的中美教育交流"展开。我作了题为"多层次开展中小学教师培养培训的合作"（附后）的发言。

进行会议总结的有：美国亚洲协会教育与汉语学习促进部主任克里斯多夫·利法卡里、美国州中小学教育首席官员理事会代表、俄勒冈州教育厅厅长苏珊·卡斯蒂罗、中国教育国际交流协会秘书长江波、美国教育部副助理部长杰森·施奈德。

华灯初上，美方在美国驻华使馆举行招待会。费城交响乐团为大家演奏着有关曲目，中美人士欢聚一堂，自行地选择食物、饮料，或立或坐，自由而愉快地用餐和交谈。在冷餐会上，我们还有幸认识了骆家辉的夫人洛克妮丝女士。

附：

多层次开展中小学教师培养培训的合作
——在第三轮中美人文交流高层磋商（中美省州教育厅厅长对话）发言

我是来自中国中部地区安徽省的代表。安徽省是 1981 年与马里兰州结为友好省州的。马里兰州是安徽省第一个友好省州，也是中国的第一个友好省州。

安徽省与马里兰州交往包括经济、贸易、科技、教育、文化、农业等方面。

教育是安徽省与马里兰州友好合作的重要方面，具体合作内容是不断变化的。在当前形势下，建议开展多层次中小学教师培养培训的合作。

改革开放几十年来，我省教育取得历史性的成就。就基础教育而言，一是普及了九年义务教育，高中教育取得发展，解决了每一个孩子有学上的问题；二是通过持续多年校舍建设工程，实现了校舍安全；三是建立、健全义务教育经费保障机制，保证了学校的正常运转，随着教育经费比重占 GDP4％ 目标的实现，教育经费投入将进一步加大。

当前，基础教育突出问题是难以满足人民群众要上"好学校"的要求。之所以出现上述问题，优质教育资源不足尤其是优秀教师不足是问题的关键，这一点在政府、教育部门、学校乃至社会已逐步形成共识，因此加强教师队伍建设是我省教育的迫切任务，包括与友好省州加强教师培养和培训方面的合作。

具体合作方式有以下三种。

一是通过政府间合作，培养一定数量的骨干教师，起示范和引领作用

2011 年 7 月 20 日，安徽省省长王三运出席安徽省—马里兰州友好省州 30 周年庆祝活动，签订了加强交流合作的框架协议。其中教育方面的协议鼓励省州在教师队伍建设方面的合作，如有条件的学校进行师生对口交流。协议明确马里兰州陶森大学与安徽省合肥师范学院联合培养中小学教育硕士，具体方式包括美方派教师到安徽集中授课，经过一年半培训，美方授予文凭(目前已进行这方面合作的有上海，我省属于第二个省份)。

二是通过教育省州友好委员会举办培训会、研讨会，在较短时间对较多教师起到较好培训

充分发挥教育省州友好委员会的桥梁作用，通过开展具体活动，定期举办基础教育教师教学研讨活动，这种活动的好处在于参与面广，信息交流及时。如我省与马里兰州科学教育协会已联合开展三次这方面的活动。参与的教师包括县城以下农村教师。

三是通过对口学校际间的直接合作，深入学校、深入课堂，共同参与教学活动，面对面开展教育教学研究

通过互派校长教师到学校参与管理和上课，深入日常教学，直观参与、了解对方学校管理和教学情况，共同研究，共同提高。我们在实施"中美基础教育领导者能力建设项目"时了解到，中美两国的校长们对这种合作形式反应很好。同时，还可以开展友好省州间青少年专题教育活动，如马里兰州省州教育友好协会艾斯林格教授发动省州友好学校的结对活动，以环保活动为主题，强化两省州少年儿童的环保意识，加强青少年间的友好往来。

2012 年 5 月 4 日于北京

第四辑　序言与随笔

俯首甘为孺子牛

——与年轻的家长漫谈家教

常言道：一年之计在于种谷，十年之计在于树木，百年之计在于树人，可见育人是件大事。就一个人所受的教育来讲，无非学校教育、社会教育和家庭教育。就家庭教育言，天下父母大抵是一样的心情，都盼望子女成人成才，但是，在孩子成长过程中，父母如何给孩子以帮助，如何使其健康成长，却是每个做父母的要关注和思考的。我想就此与年轻的父母聊一聊。

自己孩子自己带

——亲情孕育于生活

自己孩子自己带，按理讲没什么好说的。可是，时下自己孩子不是自己带的可不少，而且越来越多。你看，爷爷奶奶带的、外公外婆带的、保姆带的。当然，这里面也有的年轻家长工作压力大、生活节奏快，靠自己确实带不了。但是，我要说，别人帮忙可以，但自己的孩子一定要自己带，以自己为主。为什么，从法律层面讲，父母有对孩子进行义务教育的法律责任；从教育的角度讲，家庭是孩子的第一所学校，父母是孩子的第一任老师，父母对孩子的教育具有不可替代性。不止一位带孙子的爷爷或奶奶说，我管孙子接送和生活还可以，学习方面的事真的管不了，年纪大了，跟不上时代了；从亲情的角度讲，孩子正是从父母日常的、琐碎的、艰辛的抚育中感受到爱和温情，才会感激、热爱、尊重父母，年轻的父母还从自己抚育孩子的过程中直接感受到为人父、为人母的不易，从而更加感激自己的父母。从深处说，这是人类亲情的链条和纽带形成的基础，这纽带也从一个方面维系着我们的家庭和社会。这倒让我想起两个小故事。一个是"羔羊跪乳"，语出古训《增广贤文》，说的是很早以前，一只母羊生了一只小羊羔。羊妈妈非常疼爱小羊，遇到狼等动物伤害小羊时，羊妈妈会拼着性命保护小羊。小羊说："妈妈，您对我这样疼爱，我怎样才能报答您呢？"羊妈妈说："我什么也不要你报答，只要你有这一片孝心就满足了。"小羊听后，"扑通"跪倒在地，表示难以报答慈母深情。从此，小羊每次吃奶都是跪着，以感激妈妈的哺乳之恩。另一个故事叫"乌鸦反哺"，出自《本草纲目·禽部》："慈乌：此鸟初生，母哺六十日，长则反哺六十日。"据说这种鸟在母亲哺育下长大后，当母亲年老体衰不能觅食或者双目失明飞不动的时候，就四处去寻找食物，衔回来嘴对嘴地喂到母亲的口中，从不厌烦，一直到老乌鸦临终，以回报母亲的养育之恩。我想，在某种程度上，萦绕在人们心头的"反哺情结"至今仍是维系社会及家庭走向和谐、温馨和安宁的重要力量。

梅花香自苦寒来

——孩子学习的苦与乐

学习是件艰苦的事，中国有"三更灯火五更鸡，正是男儿读书时"和"梅花香自苦寒来"的古训。最为经典的莫过于马克思讲过的一段话："在科学的道路上，是没有平坦的大路可走的，只有在那崎岖小路上攀登的不畏劳苦的人们，才有希望到达光辉的顶点。"同样的意思用诗歌表达的有当代诗人王家新《在山的那边》："在不停地翻过无数座山后，在一次次地战胜失望之后，你终会攀上这样一座山顶，而在这座山的那边，就是海呀，是一个全新的世界，在一瞬间照亮你的眼睛……"现代教育并不否认"刻苦学习"是一种优秀的品质，前不久我接待"中美基础教育管理者领导能力建设项目"美国校长代表团谈话，校长向我抱怨一些美国孩子学习不刻苦，他们为中国学生刻苦学习的精神而感动。

当然，这绝不是说不要减轻学生过重的课业负担，因为相对而言，中国基础教育的课程还存在内容较多和难度偏大问题，教育部门和学校正在继续通过基础教育课程改革努力解决这个问题。为什么要减轻学生过重的课业负担呢，这涉及学生健康成长的问题。人的童年应当是快乐的、无忧无虑的，这应该是人生的一段最美好时光，人的这段时光将随着童年的逝去而永远逝去，且不可复制，正所谓"千金难买少年时"。所以常见有的人为没有享受过美好童年而欷歔不已。

也许我们的家长常常面临"应该让孩子拥有一个无忧无虑的童年，还是让他们习惯于竞争的残酷从而在未来的成人世界里获得更高的成就和满足感"的艰难抉择。但是我要说，二者就非要这么对立起来么，一定要非白即黑、非此即彼么，鱼与熊掌不可兼得么，或者说我们就不能"把握好一个度"、找到解决这一对矛盾的最佳点么，在前不久参加的第三轮中美人文交流高层磋商及中美省州教育厅厅长对话会上，我强烈感受到中美两国教育家对教育方式差异的关注和交流的愿望。我不知道大家可关注过前不久媒体报道的一位被叫做"虎妈"的美籍华人育儿的故事，简言之是这位华裔母亲用中国传统的比较严厉的教育方式成功培育并使自己女儿进入美国著名院校，美国母亲认为她虐待了儿童但又无奈她获得了成功；中国母亲困惑的是我们正在学习美国的教育方式，怎么美国的母亲反倒采用我们传统的方法。倒是这位美国母亲讲得很朴实，她说："我对孩子采取较严格的管教方式是鉴于美国学校教育和我犹太丈夫家庭教育的过于宽松。"可不可以换一种新的角度来评价这位母亲呢：她从家长的角度自觉不自觉地在调和中西方两种不同的教育方式。

也谈补课是与非

——补课面面观

时下关于学生补课的讨论颇多。

严格意义上的补课是一种教学方式，这一节课没听懂，或这一段时间因病、因事请假把课落下了，于是，老师抽空给补一补。这种补课无可厚非，如同吃饭，偶尔未吃或未吃饱再吃一点呗。

但现在的补课变味了，变成常年的事了，变成每天三顿饭以后的第四顿了。晚上你常常会看到行色匆匆赶去补课的孩子。而一些家长也进入了补课的误区，节假日孩子做完作业还有点空，不补课家长的心悬着，补点课，安排满了心里才踏实；还有的家长甚至想通过补课把孩子补成最好生。这就形成了补课的需求市场。

那么为什么有的学校也补课呢。这些学校考虑的还是学校的升学率，希望通过补课提高质量进而提高升学率。当然也有极少数学校和教师为收费补课的，那是为了自己的利益，严重违背了教育的职业道德和操守，违反了我省义务教育法实施办法。

从家长层面，我想主要是督促孩子正常学习，尤其是课堂学习，你想，课堂不好好学习靠课下补，课下补得半生不熟又靠课堂上学，这就像正餐吃的不香，靠营养品，吃了营养品之后，吃正餐又没胃口，循环往复、事倍功半。再说，你不妨留心一下，哪家的孩子是靠补课补成优秀的。

学校集体补课以提高质量的做法不仅违反了国家的教学计划，而且是个懒办法、笨办法。真正的好办法是提高教师水平、提高课堂教学效益和质量。

回过头来说，对于差生，我们还是要因材施教，多多给予课后辅导，但那应该是免费的、个性化的，是满含对学习上弱势群体的爱与关怀的。

又到高考中考时

——帮助考生心理调适

年年岁岁花相似，又到高考中考时。

考试自然是孩子自己的事，且有老师的具体指导。但家有考生的家长此时难免心焦，在孩子最需要关心的时刻，能为孩子做点什么呢。

大考在即，作为家长都会有意无意地以这种或那种方式给孩子提点希望。这些希望并不好提，提高了不切合实际，反而增加孩子的压力；提低了，孩子缺乏适度的压力，缺少应有的动力。记得自己的孩子高考时，自己为此颇费脑筋，思之再三给孩子提了八个字要求："尽心尽力，无怨无悔。"我想，只要你尽心尽力就成，如何尽心尽力，自个儿把握吧。大考在即，考生家里往往形成两种氛围，有的家庭"如临大敌"，气氛弄得挺紧张，大人走路讲话都小心翼翼，这种心态传递给孩子，孩子也会不知不觉地紧张起来；还有就是什么准备都不做，过于松懈，孩子也缺少适度的紧张感和对考试的神圣感。我想，家长最好做到内紧外松，就是一切考虑周详，外部不露声色，为孩子营造一种常态的家庭气氛。

考试过程中，家长更要保持平常心，生活保持常态，特别是高考中考考试科目较多，让考生考一科、了一科，越来越轻松。千万不要这科刚考完，家长就火急火燎地刨根问底，让学生"心有包袱"，不能做到全心全意面对新一科考试。

考试结束了，尤其是试题的标准答案出来了，水落石出。这时考得不理想甚至失误的同学和家长都面临新的考验。有的家长能正确对待这考验，平静地最起码表面平静地接受结果，同时留心孩子的不足出在哪里，以便日后提出相应的指导和帮助。而有的家长以为考也考了，说轻点重点也不影响孩子了，于是开始对孩子抱怨、数落，甚至一时情绪失控说出伤害孩子感情的话来。其实，父母要知道，后悔和赌气都是无益的，要知道这个阶段是这些孩子感情最脆弱的时期，他们嘴上不说，但心里已经为自己的失误懊恼、自责、愧疚，他们现在最需要的是理解、安慰、鼓舞。这也是父母最大限度释放善意的时候，我觉得最有效的方法是父母动员孩子到户外走一走，自然是永恒的、美丽的，无声的自然会让孩子乃至家长感受到所面临的困难并非天大的事、并非不可逾越，自然和时间会慢慢化解孩子心中的块垒而重新积聚新的力量。同时，孩子会从这件事中感受到父母的博爱并由此而受到激励。从远处说，这次经验会让孩子懂得，人的一生会遇到许多挫折和失败，父母的爱和家庭的温暖是疗治自己心灵创伤温馨的港湾。

春雨润物细无声
—— 家庭教育的基本原则

　　家庭教育应以德育为首。品德是做人的根基，行为的准则。无论中国或是外国、无论是古代或者现代、无论是国家层面还是家庭层面，都是把品德培养放在非常突出的位置。《傅雷家书》是教育孩子先做人、后成"家"充满父爱的教子名著，是我国文学艺术翻译家傅雷及夫人在1954—1966年写给孩子傅聪、傅敏的家信摘编，是一本优秀的青年思想修养读物，我建议年轻的父母可以读一读。

　　家庭教育应联系生活。家庭教育忌空头说教，好的家庭教育往往结合孩子的日常生活，由表及里、由近及远、由浅入深，如"春雨润物细无声"。《三字经》为启蒙读物，是中华民族珍贵的文化遗产，短小精悍、朗朗上口，千百年来，家喻户晓。其内容涵盖历史、天文、地理、道德以及一些民间传说。《弟子规》则具体列述弟子在家、出外、待人、接物与学习上应该恪守的守则规范。基于历史原因，《三字经》《弟子规》难免含有一些精神糟粕、艺术瑕疵，但其独特的思想价值和文化魅力仍然为世人所公认，被历代中国人奉为经典并不断流传。

家庭教育身教重于言教。有一个《曾子杀猪》的寓言。说曾子的妻子赶集，儿子也要跟着去。曾子的妻子对儿子说："你不要去，我回来杀猪给你做酱汁烧蹄子和猪肠炖汤。"曾子的妻子从集市回来，看见曾子准备杀猪，忙上前阻拦，并说："怎么拿我哄孩子的话当真呢?"曾子说："在小孩面前是不能撒谎的。不然很难教育好孩子。"曾子的妻子觉得丈夫的话很有道理，于是心悦诚服地帮助曾子杀猪、为儿子做好了一顿丰盛的晚餐。曾子用言行告诉人们，为了做好一件事，哪怕对孩子，也应言而有信，诚实无诈，身教重于言教。

一位研究型的教育领导者

——写在《何炳章教育文选》（第三卷）付梓之际

翻阅《何炳章教育文选》，心里沉甸甸的。第一卷文选出版于 1997 年，第三卷文选付梓于 2007 年，十年一剑，其间"付出过，开拓过，创造过，困惑过，净谏过，无奈过，顾全过，委屈过，振奋过，痛苦过"。"为谁辛苦为谁忙"——炳章同志引用《诗经·王风·黍离》中的诗句表达他的心曲"知我者，谓我心忧；不知我者，谓我何求"；进而用他自己的语言回答：这一切都是"献给我所钟情的教育事业"。炳章同志给我的第一印象是对教育事业的忠诚与执著。

我认识炳章同志始于 20 世纪 80 年代初，那时他已是合肥市教育委员会副主任，我在肥西师范教书，他到我们学校视察，开座谈会时，作为一位领导者，他静静听完我们的发言，然后侃侃而谈他的观点，很儒雅，很谦和，特别是他谈话时拿出一叠厚厚卡片以提供谈话背景资料的情景，时至今日，历历在目。这以后，对他的了解逐渐多起来，知道他经常直接走进课堂听课，知道他在一所学校进行系列的教学改革，知道他在工作之余勤于理论研究和写作。光阴荏苒，转眼数年，前两年在一次会上见到他时，他告诉我，他即将从市人大副主任的位子上退下来，他最近在学习电脑，因为以后文字打印他要全靠自己了。他的勤奋、他的探求令我感动。王夫之云："才以用而日生，思以引而不竭。"我想，在炳章同志成功的诸多因素中，对事业忠诚之后便是对事业的勤奋了，勤奋成就了他的事业，炳章同志给我的鲜明印象是：

一位孜孜不倦的研究型的教育领导者。

炳章同志的文章我很喜欢。其一，短小。"板凳要坐十年冷，文章不写半句空。"这话讲起来容易做起来难。时下所见文章空的、长的不在少数，且空的和长的大多连为一体。炳章同志的文章短小，但令人耳目一新。其二，有感而发。"纸上得来终觉浅，绝知其事要躬行。"炳章同志的文章灵感多来自于实践、多来自于思考、多浸透自己汗水、多是自己心血结晶，故而生动。其三，见微知著。文章短小并不太难，难在有真知灼见。韩愈曰："业精于勤荒于嬉，行成于思毁于随。"炳章同志的一些关于教育的观点很有见地，阐述时由具体事例引发，再由具体到抽象，终而得出很有价值的观点，能用尽量小的篇幅说清很复杂的事情，这便是大本事了。

在炳章同志所阐述的诸多教育理念中，我尤其欣赏教育管理上的中观指导论。如炳章同志所述"只有站在独特的中观立场上，养成独有的中观眼光，运用独到的中观策略，才能防止对上'述而不作'，食而不化，从而将宏观决策具体化地落实在微观领域里；才能防止对下'中而不介'，照抄照搬，从而将正确理念创造性地贯彻到生动实践中"。这是方法论，炳章同志是对校长而言的，其实何止校长，许多人大多时候多处于中观位置，理解、掌握好这种方法，便能在实践中自觉领会透上级决策的精神实质，深入了解基层的实际情况，把两者很好结合，从而提出正确的中观层面的指导意见以指导工作，这便是创造了。

炳章同志在他的文选第三卷《自序》中说："我有足够的信心，在未来的岁月里，干得更实在，过得更自在一些，令这个短促的人生显得更为精彩一些。""莫道桑榆晚，为霞尚满天"。让我们满怀热情，以期待炳章同志新作问世。

桐中八景

——桐城中学校园历史景观纪实

2009 年，安庆市举办校园文化节，我应邀参加。开幕式在桐城中学举办，借此机会全面细致对桐城中学进行了考察。

桐城中学由桐城派后期大师、京师大学堂总教习吴汝纶（1840—1903）先生于 1902 年创办。汝纶大力提倡学习西方科学文化知识，为国育人，以求"富国强兵"。他主张"中学为体，西学为用"，并深入探求西方的科学和哲学。为勉励后人，他亲笔题写"勉成国器"的匾额和"后十百年人才奋兴，胚胎于此；合东西国学问精粹，陶冶而成"的楹联。这所学堂即今桐城中学的前身，它是安徽省创办的第一所新式学堂，是吴汝纶推行新式教育的实验园地，其影响巨大而深远。

桐城中学历史悠久，人才辈出，我国前驻法大使、文化部部长黄镇；农工民主党首任主席、前交通部部长章伯钧；北平市首任市长何其巩；美学大师朱光潜；两院院士孙德和、慈云桂、陆大道；著名核物理学家疏松桂、方正知；哲学家方东美；古文论家马茂元；著名作家方令孺、叶丁易、舒芜等曾就读于此。

桐城中学人文景观众多，其中校园八景令人震撼，分别是半山阁、紫藤、后乐厅、钟楼、石刻柱、惜抱轩的银杏树、左忠毅公祠、二野渡江司令部旧址，现记录如下。

一、"半山阁"

即吴汝纶创办的原桐城中学堂藏书楼，坐落于桐城中学校园内，建于清光绪二十九年（1903），曾在桐城中学堂任教的日本教师早川东明参与设计。半山阁系两层砖木结构，由楼、阁两部分组成，暗依"楼"西山墙而建阁，外露东山墙，故名。"阁"坐东向西，面阔三间，宽 8.9 米，进深一间，长 3.4 米，两层，仿歇山式顶，高 8.4 米，底层砖砌护墙，南北各开一门。由北门而入，有楼梯通向楼层。楼为木结构抬梁式，北、西、南三面临空，设栏杆扶手，可凭远眺，檐下装有挂落，内装木板天花，中镶一长方藻井，长 3.7 米，宽 2.4 米，深 0.5 米。山墙中间，有两道券窗，可与东楼隔室相望。两侧，各辟一道券门，通往东楼前后楼廊。屋面青灰小瓦，屋角设子角梁，飞檐翘角，造型美观。阁楼中悬有吴汝纶题写的"勉成国器"行楷横匾及"后十百年，人才兴奋，胚胎于此；合东西国，学问精粹，陶冶而成"的行楷楹联，鎏金阳文，光彩夺目。阁东为"楼"，南北朝向，面阔五间，宽 18.7 米，进深通为一同，长 6.3 米，高两层，两坡顶，小瓦铺盖。东西墀头山墙到顶，前后上下设廊，两面四柱到顶，檐下亦设挂落。楼下廊壁，各开 8 面双开长窗，宽敞明亮。楼层木板铺面，板壁长窗，扶手栏杆，雕花刻木，平涂朱色，庄重大方。"半山阁"的设计形式和建筑艺术，具有独特的风格，古建筑专家单士元、罗哲文、郑孝燮曾称颂它是"凝固的音乐"。

二、"紫藤"

"紫藤"为校园一景，其景告诉我们，做人应如松柏挺拔向上，不可如紫藤匍匐在地。

三、"后乐亭"

位于桐城中学校园左侧，是一座四柱八角飞檐式亭阁建筑，左侧屹立着伟大的共产主义战士、无产阶级革命家、桐中老校友黄镇同志纪念碑，其铭文为安徽省级老干部、书法家张恺帆所书，匾额"后乐亭"系黄镇亲题。取自北宋范仲淹《岳阳楼记》中的"先天下之忧而忧，后天下之乐而乐。"

四、"钟楼"

桐城中学校园内有一钟楼，高 10 多米，钟楼上悬挂的青铜大钟已经敲了 100 多年了，尽管如今众多学校都用电铃提示学子上下课，而桐中一直敲着铜钟，铜钟声声，警示童男童女，奋发学习，早日成才，报效祖国。"桐中敲铜钟，童男童女同上学"，这是雕刻在安徽省桐城中学校园内石碑上的上联，游人至此都要吟诵，但至今尚无人对出下联。

五、"石刻柱"

"高峰入云，清流见底，杂花生树，群莺乱飞"，游览过桐城中学校园的人都知道这十六个字是桐城中学创办人之一方守敦先生在石刻柱上所书的六朝佳句，笔力遒劲，盘郁苍古。现学校奠以石基，围以栏栅，四周碧草如茵，繁花似锦。每年京沪高官、江淮雅士来桐城中学游览，莫不景仰这座石刻柱，赞叹方先生书法之神奇，叹服方先生集此两行六朝佳句寓意深远。这两行佳句出自南朝梁时名士陶宏景《答谢中书》中。方先生选此佳句，固然与桐中背负青山，面临溪水的实景有关，同时也鼓励学生学业上进，人品清纯。

六、"惜抱轩银杏树"

在桐城中学校园内东北隅，系姚鼐书屋"惜抱轩"旁之宅树。姚鼐（1732—1815），字姬传，一字梦谷，室名惜抱轩，世称惜抱先生，桐城人。乾隆二十八年（1763）进士。人翰林，官至刑部郎中，充四库全书编修官。中年弃官，先后在江宁、扬州、徽州、安庆主持钟山、梅花、紫阳、敬敷书院达40余年，士争受业。梅曾亮、管同、方东树、刘开、姚莹为其著名弟子。姚鼐出身翰墨世家，颇负盛名，治学以经为主，兼及子史诗文，为桐城派文学理论集大成者。继承方苞的义法和刘大櫆的"神气"学术思想，发展成为桐城文派理论的完整体系。他提出为文"义理、考据、辞章三者兼备"，"神、理、气、味为文之精，格、律、声、色为文之粗"二者合一的创作主张以及"阳刚阴柔"等艺术风格论，把桐城派文学理论推向一个高峰。其散文以"醇正严谨"著称，清通自然，简洁明快。著有《惜抱轩文集》《惜抱轩诗集》《惜抱轩尺牍》《九经说》《三传注》《五七言近体诗钞》；选编；《古文辞类纂》，影响深远。姚氏十世迁入县城，先后居"天尺楼"、"雁轩"、"树德堂"、"初复堂"。鼐八岁（1738）由"树德堂"徙居"初复堂"，后建"惜抱轩"书屋，植此树。银杏树至今已有200余年，树围2.8米，高21米，树冠面积39.16平方米，挺拔参天，枝繁叶茂，终年苍翠。1986年，桐城县人民政府，拨款于树周围建钢筋水泥质地六方形栏杆，每方长3.2米。勒石立碑，碑高0.5米，宽1米，厚0.15米。碑文正楷阴刻："本校东隅，原为桐城派文学大师姚惜抱先生故居。姚先生自公元1738年来居于此，至1955年划归本校改建教学楼，姚先生及其后裔计居217年，此银杏树乃姚氏园中故物。建栏保护，以供观赏，如睹前贤之风范，因刻石纪念。1986年秋，桐城中学志。"左忠毅公祠，坐落于市区桐城中学校园内，建于明崇祯年间，是纪念左光斗的专祠，简称"左公祠"。2002 年，桐城中学对该祠进行了全面维修。现左公祠占地面积 1 027.27 平方米，分前进、中进和后进三部分，均为木构架建筑，建筑格调较高。

七、"左公祠"

位于桐城中学校园内。左忠毅（1575—1625），名光斗，字遗直，号浮丘，明朝桐城人。明万历进士，曾任大理少卿；左佥（qiān）都御史。天启四年(1624)，左上奏弹劾魏阉党三十二条斩罪，被诬下狱，受酷刑死于狱中。魏忠贤死后，被追谥为"忠毅"。《左忠毅公逸事》(逸事，指散失的没有流传的事迹)选自《方望溪先生全集》卷九作者方苞(1668—1749)字凤九，一字灵皋，晚年自号望溪。桐城人。清初散文家，清代古文"桐城派"创始人之一。

《左忠毅公逸事》记载：先父曾经说，同乡前辈左忠毅公在京都附近任学政。一天，刮风下雪特别寒冷，左公带着几个骑马的随从外出，微服私访到一座古庙。在厢房里见一个书生趴在桌子上睡着了，文章刚写成草稿。左公看完了，就脱下貂皮外衣盖在书生身上，替他关好门。左公向庙里的和尚问这个书生的来历，原来他就是史可法。等到考试，吏官叫到史可法的名字，左公惊奇地注视着他，他呈上试卷，就当面签署他是第一名。又召他到内室，让他拜见了左夫人，并对夫人说："我们的几个孩子都平庸无能，将来继承我的志向和事业的只有这个书生罢了。"

等到左公被送进东厂监狱，史可法早晚守在监狱的大门外边，可恶的太监防备看管的很严。即使左家的佣人也不能靠近。过了好久，听说左公受到炮烙酷刑，不久将要死了，史可法拿出五十两银子，哭泣着跟看守商量，看守被感动了。一天，看守让史可法换上破旧衣服，穿上草鞋，背着筐，用手拿着长铲，装作打扫粪便的人，看守把史可法引进牢房。暗暗地指点左公待的地方，左公却靠着墙坐在地上，脸和额头烫焦溃烂不能辨认，左边膝盖往下，筋骨全部脱落了。史可法走上前去跪下，抱着左公膝盖就哭泣起来。左公听出是史可法的声音，可是眼睛睁不开，于是奋力举起胳臂用手指拨开眼眶，目光像火炬一样明亮，恼怒地说："没用的奴才！这是什么地方？可你来到我这里！国家的事情，败坏到了不可收拾的地步，我已经完了，你又轻视自己不明大义，天下事谁能支持呢？还不赶快离开，不要等到坏人编造罪名来陷害你，我现在就打死你！"于是摸索地上刑具，做出投打的样子。史可法闭口不敢出声，小步紧走地出来。后来史可法常常流着泪讲述这件事，告诉别人说："我的老师的肝肺，都是铁石所铸造出来的。"

崇祯末年，张献忠在蕲春、黄冈、潜山、桐城一带活动。史可法凭借凤阳、庐州道员的身份奉命防守御敌。每次有警报，就几个月不能上床睡觉，他让士兵轮番休息，可是自己在帐篷外边坐着。挑选了强健的士卒，命令二人蹲坐着用背靠着他，过了一更鼓就轮流替换一次。每到寒冷的夜晚站立起来，抖动自己的衣裳，铠甲上的冰霜散落下来，像金属响亮的声音。有人劝他稍微休息一下，他说："我对上怕辜负朝廷，对下怕愧对我的老师呀！"

史可法指挥军队，往来于桐城。一定亲自拜访左公府第向太公、太母请安，并到厅堂上拜见左夫人。

我本家的老前辈涂山，是左公的女婿，他和先父很要好，说左公在监狱里对史可法讲的话，是亲耳从史可法那里听到的。

八、"二野渡江司令部旧址"

渡江战役中，中国人民解放军第二野战军司令部（简称渡江战役二野司令部）旧址，位于桐城市北大街桐城中学校园内。1949 年 4 月 19 日，司令部由舒城移此。作战室设在中学图书室内，此系一幢高台基的近代建筑，面积 231 平方米，坐西朝东，抬梁式砖木结构，下为砖石垒砌台基。面阔一间，进深三间，四周设回廊，宽 1.2 米，回廊设 16 根木柱，垫以四方石柱。砖砌隔墙，东设大门，南北墙各设五个券窗，两旁设边门。西墙设两个券窗。梁架结构露明，五根硕大七架梁，四角用扒梁与之连接。屋顶四坡水，小瓦铺盖。现辟为"二野渡江司令部展馆"，向海内外开放。据《二野大事记》和二野司令部《阵中日记》记载：4 月 15 日二野在此召开师以上干部会议。邓小平传达中共七届二中全会精神，刘伯承号召部队："用最大力量，进行渡江作战准备和加强思想政治工作。"4 月 17 日，刘、邓向西线部队下达了于 21 日开始渡江作战的命令，决定所属三、四、五兵团渡江的部署。4 月 19 日，"野司首长均至桐城指挥"。4 月 21 日，"二野所属部队遵命于 17 时 30 分开始炮击，17 时 55 分开始登船渡江"。渡江战役取得全线胜利后，司令部于 4 月 28 日离开桐城，经合肥、全椒，4 月 29 日到达南京。

后　记

　　算上师范大学读书的岁月，一眨眼，从事教育工作已经 35 年了。这就是安徽师范大学读书 4 年，肥西县师范学校教书 7 年，省教育厅从事行政管理 24 年。

　　当年的肥西师范学校还是一所农村学校，是省里的陶行知教育思想实验学校。学校的前身是"五七"干校，建在一片荒岗上，农民的牛啊羊啊一直放到教室的门口。学生多来自农村，基础好、能吃苦。除了文化课学习外，钢笔字、毛笔字、黑板字样样行，会画画、会乐器、会体育，乡村小学很是欢迎。那时除了上课就是劳动，"操场自己打，树木自己栽"。老师、学生穿解放鞋，抬柳条筐，硬是把一座小山岗夷为平地。师生很辛苦但很快乐，清早，天没亮，"一二三四"的跑步声震得地动山摇；傍晚，学生端着饭缸把篮球场围得水泄不通，不时传出一阵阵的欢呼声；而晚自习时，教室里灯光雪亮却鸦雀无声，学生遨游在知识的海洋。这 7 年里，我的目标就是当一名好老师。

　　在教育厅的 24 年细分一下是办公室 7 年、基础教育处 10 年、厅领导岗位至今已 7 年。

　　办公室的 7 年使自己的行政文字进一步规范、熟知了机关办事的规矩，学会了协调，其中最大收益是跟领导学会了如何分析问题、解决问题，这为自己日后独立开展工作奠定了基础。

　　基础教育处是个大处，幼儿教育、义务教育、高中教育都管。其间亲历了全省农村税费改革、"以县为主"农村义务教育管理体制改革、示范高中建设、基础教育课程改革、实施素质教育推广"铜陵经验""两基"国检和义务教育经费保障机制改革。

2000年在安徽试点的农村税费改革给我留下难以磨灭的印象，那是一段艰难的岁月。改革的一项重要内容是取消农村义务教育赖以生存的农村教育费附加和教育集资，这使得本已困难的农村义务教育陷入了非常艰难的境地，大面积长时间拖欠教师工资，农村中小学房屋无钱维修，学校正常运转经费匮乏，用"危机"来形容2000—2003年的安徽农村教育一点儿也不过分。此时，安徽教育界及社会上众多关心支持教育事业的有识之士或奔走呼号、献言献策；或潜心研究、精心实践，苦求治本之策。安徽的探索给社会的启示是：乡镇根本无法保障农村义务教育经费的最基本需求；仅仅依靠县级财政也无法保障农村义务教育经费的最基本需求。安徽的探索终于得到中央的重视和充分肯定。2001年召开的全国基础教育工作会议对农村义务教育管理体制重新定位，"实行在国务院领导下，由地方政府负责、分级管理、以县为主的体制"。由过去以"乡镇为主"上升到"以县为主"，政府投资主体重心的上移，为后来建立的农村义务教育经费保障机制奠定了基础。这是一个凤凰涅槃的过程，在这个过程中，我担任教育厅基础教育处处长，和许多同事一样，坚守对教育事业的忠诚，受到了前所未有的磨炼。

安徽省的示范高中建设是安徽高中改革发展史上的重要阶段。那是一段激情燃烧的岁月。1998年以前，普通高中处于稳定、整顿、提高阶段，万马齐喑，1996年全国高中工作会议以后，我省以示范高中创建为杠杆的普通高中建设拉开大幕，那时自己还年轻，深入学校，与学校领导一道分析问题、研究问题、解决问题，夸张一点说是"吃的是一锅饭，点的是一灯油"，乐学校所乐，忧学校所忧，随着 1998 年我省第一所省级示范高中马鞍山二中的诞生，"忽如一夜春风来，千树万树梨花开"，江南江北，示范高中如雨后春笋蓬勃发展，普通高中人的面貌和学校面貌焕然一新，看着孩子们出入崭新的校园，禁不住热泪盈眶。示范高中建设进一步明确了办学方向，空前地激发了广大师生员工的凝聚力创造力，加强了教师队伍建设，极大地改善了办学条件，迅速扩大了高中的优质资源，缓解了老百姓对优质高中资源的需求，受到各级政府、教育行政部门、普通高中和广大人民群众的普遍好评。省级示范高中目前已有 168 所，加上市级示范高中，接近普通高中总数的 1/3，在省、市示范高中就读的学生达半数以上。

2006 年，我担任省委教育工委委员、教育厅总督学，分管中职中小学教师队伍建设、教育督导、教育收费管理和教育评估。从事业上讲，我是幸运的，因为这是教师队伍建设、教育督导工作和治理中小学乱收费受到高度重视和发展的最好时期。

以 2007 年胡锦涛总书记在教师节的重要讲话为标志，教师队伍建设进入新的历史时期。2008 年我省开展的中小学教师新一轮核编，有效地缓解了教师数量不足；连续三年实施的"特岗计划"使一批大学应届毕业生直接走向基层、走向偏远的乡村学校，给这些学校带去新的知识、新的教学方法、年轻人的朝气和活力；而持续的、大面积的"国培""省培"，大大强化了师德和教学业务，提高了教师队伍的整体素质。

这一阶段教育督导的成就主要在于完善了督导机制，督导由县（市、区）向省辖市和乡镇两头延伸，尤其是与省委组织部联合开展的县（市、区）党政领导干部教育专项考核，逐步实现全覆盖而成为全省中等以下教育发展的有力的保障机制。

这一阶段的治理中小学乱收费在指导思想上是齐抓共管、标本兼治，在方法上采取省市县校四级通报制度，实现预期目标。

"楸垂落索槐吐花，溪女采莲童抱瓜。一年光景又将半，愈老愈知生有涯。"无意中读到陆游这首《即事》，怦然心动。蓦然回首，已是夕阳西下，该是回顾自己来路的时候了，于是写成了《教育路上行与思》。

于 2012 年 8 月 22 日